Hans Hartmeyer

Der Weinhandel im Gebiete der Hanse im Mittelalter

EUROPÄISCHER
HOCH
SCHUL
VERLAG

Hartmeyer, Hans

Der Weinhandel im Gebiete der Hanse im Mittelalter

ISBN: 978-3-86741-589-7

Auflage: 1
Erscheinungsjahr: 2010
Erscheinungsort: Bremen, Deutschland

Bei diesem Titel handelt es sich um den Nachdruck eines historischen, lange vergriffenen Buches aus dem Verlag Gustav Fischer, Jena (1905). Da elektronische Druckvorlagen für diese Titel nicht existieren, musste auf alte Vorlagen zurückgegriffen werden. Hieraus zwangsläufig resultierende Qualitätsverluste bitten wir zu entschuldigen.

Hans Hartmeyer

Der Weinhandel im Gebiete der Hanse im Mittelalter

Der Weinhandel im Gebiete der Hanse im Mittelalter.

Von

Hans Hartmeyer.

Verlag von Gustav Fischer in Jena.
1905.

Inhaltsverzeichnis.

Seite

Kap.   I. Der hansische Handel: Eigenhandel, Zwischenhandel, Warenver-
          kehr, Maße   1
Kap. II. Übersicht über den Weinbau im Gebiete der Hanse; Übergang
          von der Eigenproduktion zum Handel   4
Kap. III. Der hansische Aktiv- und Zwischenhandel mit Wein   8
          1. Der hansisch-englische Weinhandel   8
          2. Der hansisch-niederländische Weinhandel 17
          3. Der hansisch-skandinavische Weinhandel 27
          4. Der hansisch-preußische Weinhandel, Polen, Rußland . . 34
Kap. IV. Der Handel in den Produktionsgebieten 50
          1. In den hansischen Produktionsgebieten: Köln, die Zentrale
             des westeuropäischen Weinhandels 50
          2. In den außerhansischen Produktionsgebieten: Straßburg,
             Nürnberg, Ulm 76
Kap.   V. Der Weinhandel in den Importgebieten: Lübeck, Bremen, Ham-
          · burg 97
          1. Die Ratsweinkeller: Entstehung, Verwaltung, Gerechtsame
             der Keller · 97
          2. Die Weinakzisen 110
Kap. VI. Der Wein als Konsumtionsmittel, Weinsorten, Weinpreise . . . 114

Kapitel I.
Der hansische Handel. Eigenhandel, Zwischenhandel, Warenverkehr, Maße.

Ein charakteristisches Merkmal der Geschichte des Mittelalters ist die Bildung des Städtewesens, das sich nach dem Untergang der hohenstaufischen Macht als Gegengewicht gegen die aufstrebende Macht der Territorialfürstentümer herausgebildet hatte. „Die schönste Blüte deutschen Städtewesens im Mittelalter" ist die Hanse[1]), die vornehmlich daraus erwachsen war, daß die losen, fast zufälligen Bündnisse kleiner Städtegruppen sich zur Beschützung ihres auswärtigen Handels in eine fest gefügte Organisation vereinigten. Die Hanse ist kein politisch fest gefügtes Bündnis, sondern eine Vereinigung mit aristokratischem Charakter[2]), die ausschließlich im Handel ihren Bestrebungen Zweck und Ziel setzte; sie war eine Handelsaristokratie, deren Mitglieder zur Erreichung individueller Vorteile in gemeinsamer Zusammenarbeit sich vereinigten.

Die Hanse war im Handel und Verkehrsleben Nordeuropas groß geworden, speziell im nördlichen Deutschland, wo die wendischen Städte, an der Spitze Lübeck, Bremen und Hamburg, dank ihrer geographischen Lage zu überragender Bedeutung gelangt waren. In den Winkeln der West- und Ostsee gelegen, waren sie dazu berufen, den Handelsaustausch des Westens mit dem des Nordens und Ostens zu vermitteln. Ihre eigenste Tätigkeit, aus der sie immer wieder neu verjüngende Kraft zogen, war der Zwischenhandel; auf der einen Seite die Naturalien und Rohprodukte des halbkultivierten Ostens, auf der anderen Seite die Erzeugnisse der Industrie, des Gewerbefleißes und des verfeinerten Kulturbedürfnisses der westeuropäischen Welt.

---

1) Roscher, System der Volkswirtschaft, Bd. III bearb. v. W. Stieda, S. 181.

2) Daenell, Geschichte d. deutschen Hansa, S. 188.

Die Sphäre des hansischen Handelsinteresses umzog die ganze Ost- und Westsee; im Osten breitete sie sich tief nach Polen, Livland und Rußland aus, im Westen erstrekte sie sich mit Einschluß von England durch den Kanal an der Küste Frankreichs entlang bis nach Spanien.

In diesem Wirtschaftskomplex hatten sich kleinere Wirtschaftsgebiete herausgebildet. Im Osten das polnisch-baltische mit seiner Abzweigung nach Rußland; im Norden das skandinavische, beide mit ausschließlicher Naturalproduktion. Im Westen lag das flandrisch-englische Wirtschaftsgebiet mit seinen Ausläufern nach Frankreich und Spanien, das dem hansischen Handel Produkte industrieller und gewerblicher Art lieferte. Die Grenze zwischen den Gebieten der Naturalproduktion und denen mit gewerblicher Tätigkeit lag im westlichen Winkel der Ostsee, wodurch Lübeck zu einem großartigen Umlageplatz und Mittelpunkt des hansischen Zwischenhandels im nördlichen Europa wurde.

Der hansische Handel des Nordens und Ostens erstreckte sich auf folgende Gegenstände: Aus Rußland und Livland holten die Hansen Pelzwerk, Felle, Leder, Talg, Wachs, ferner Honig, Getreide, Hanf und Leinsaat[1]); eingeführt wurden von ihnen Metalle, namentlich Kupfer, Eisen und Blei; ferner Leder, Handschuhe, Pergament, deutsche und flandrische Leinwand, endlich Salz, Met, Bier und Wein. Ein wichtiges Hauptausfuhrprodukt bildete das Getreide, das namentlich Esthland über die preußischen Häfen im Tauschhandel gegen Salz lieferte. Die Grundlage des hansisch-skandinavischen Handels bildete der Hering, der unter der Leitung von Lübeck eine eigene hansische Niederlassung mit ausschließlichem Heringfang und -handel hatte entstehen lassen. Lübeck hielt allgemein die Fäden des hansischen Handels nach Norwegen in der Hand; namentlich mit Bergen, das seinerseits ein zentraler Stapelplatz ganz Norwegens war, stand es in lelbhafter Handelsbeziehung, so daß der Handel zwischen den beiden Häfen als Maßstab des hansisch-norwegischen Handels gelten kann. Der hansische Import umfaßte deutsches Getreide, Bier, Salz, Leinwand, Werkzeuge[2]); der Export Fische, Tran, Talg, Federn, Schwefel, Bauholz und einheimische grobe Wolltücher[3]) —.

---

1) W. Stieda, Revaler Zollbücher u. Quittungen i. d. Hansisch. Geschichtsquellen, Bd. V, S. 99.

2) Bruns, Die Lübecker Bergenfahrer und ihre Chronistik i. d. Hansisch. Geschichtsquellen, Bd. II, S. 51.

3) Bruns a. a. O. S. 70 ff.

Nachdem alle diese Produkte des Nordens und Ostens den Lübecker Stapel passiert hatten, trafen sie auf den Märkten Flanderns auf die Erzeugnisse flandrischen Gewerbefleißes. Bereichert wurden die flandrischen Märkte durch den Zuzug englischer und französischer Waren. Da die Hansen in ihrer ersten Epoche den englischen Markt auf Grund ihrer Monopole und Verträge vollkommen beherrschten, so ging auch der englische Export, der in der Regel in Wolle, Fellen und Metallen bestand, ausschließlich durch ihre Hände. Sie führten dagegen ein: Fische, Rheinwein, Pelzwerk, später auch Getreide. Namentlich England lieferte nach Flandern die Wollwaren, die dort verarbeitet, in Gestalt der berühmten flandrischen Tuche und Leinwand, neben den Erzeugnissen der Schmiede- und Schlosserkunst von den Hansen in Verkehr gebracht wurden. Neben diesem Eigenhandel beherrschten die Hansen auch den ganzen flandrischen Zwischenhandel, der neben den nordischen Produkten aus Deutschland Wein, Getreide, Farbstoffe, Wollwaren, Flachs, Hanf und Fleisch umfaßte.

Eine eigentümliche Stellung nimmt Frankreich ein; sein Handel mit der Hanse beschränkte sich ausschließlich auf den Export von Salz und Wein und zwar in solcher Ausdehnung, das er dem modernen Großhandel beinahe ebenbürtig an die Seite gestellt werden kann.

Dieser hansische Weinhandel soll im folgenden in den Kreis einer näheren Betrachtung gezogen werden. Die Quellen über den internationalen Weinhandel der Hansen fließen nicht reichlich; man ist, abgesehen von dem im Hansischen Urkundenbuch zusammengetragenen Material, das sich aus Verleihungen, Geleitsbriefen, Zollvorschriften und Stadtrechnungen zusammensetzt, lediglich auf die Schadenverzeichnisse der Hansen in den Hanserezessen angewiesen. — Doch auch hier sind die Angaben oft sehr ungenau; die Heimat der Schiffe ist meistenteils noch angegeben, doch fehlen Bemerkungen über Größe der Weintransporte und Arten der Weine sehr oft. Erschwerend für das Verständnis wirken auch die verschiedenen Maß- und Gewichtseinheiten. Die am meisten vorkommenden Maße und Gewichte sind die folgenden:

Die größte Maßeinheit war die Last; sie wurde bei den verschiedensten Gegenständen angewandt; in Reval bei allen Arten Naturalien[1]), dann vor allem bei Getreide, Hopfen und Salz[2]).

---

1) Stieda, Revaler Zollbücher und Quittungen, S. 123.
2) Blümcke, Berichte u. Akten d. hans. Gesandtschaft in Moskau im Jahre 1603, Hans. Gesch.-Quell., Bd. VII, S. 249.

Die Last zerfiel in Tonnen, und zwar rechnete man die große Last zu 24 Tonnen[1]) und die kleine Last zu 11 Tonnen[2]). Wie sich das Faß zur Tonne verhielt, läßt sich nicht feststellen; beim Faß unterschied man Ohmfaß[3]) und Stückfaß[4]). Tonnen und Fässer wurden nicht allein für Flüssigkeiten und Lebensmittel, wie Salz und Hering, benutzt, sondern man gebrauchte sie auch zum Transport von Metallen[5]).

Auf ein Faß gingen 2 Pipen oder 2 Bote[6]). Allgemein lassen sich die größeren Maße, wie folgt feststellen:

1 Last (groß) = 24 Tonnen;
1 Last (klein) = 11 Tonnen;
1 Faß = 2 Pipen = 2 Bote;
1 Fuder = 8 Pipen;

In den kleineren Maßen treten häufig lokale Verschiedenheiten auf. In Danzig rechnete man[7]):

2 Fuder = 8 Oxhoft = 12 Ohm = 1320 Stof.

In Hamburg, Lübeck[8]):

1 Fuder = 6 Ohm = 24 Anker;
1 Fuder = 6 Ohm = 240 Stübchen (Stof).

Ohm und Stübchen sind die Weinmaße des kleinen Weinverkehrs; diese Bezeichnungen werden nur beim Wein gebraucht. — Das Ohm wurde in dem Bruchteil von $\frac{1}{50}$ „Gelte"[9]) genannt, während $14\frac{1}{4}$ Ohm in einer „Roede"[10]) zusammengefaßt wurden.

Kapitel II.

Übersicht über den Weinbau im Gebiete der Hanse. Übergang von der Eigenproduktion zum Handel.

Als Vorläufer des hansischen Eigen- und Zwischenhandels ist die Eigenproduktion in den nördlichen Gebieten zu betrachten, die zur Zeit der Anfänge der Hanse bereits in hoher Blüte stand. Mit

---

1) Hans. Urkundb., VIII, Nr. 807.
2) Hans. Urkundb., VIII, Nr. 124.
3) Hans. Urkundb., IV, S. 996, Anmerk.
4) Hans. Urkundb., V, Nr. 83, § 6.
5) Stieda a. a. O. S. 123.
6) Hans. Urkundb., IV, S. 429.
7) Hirsch, Danzigs Handelsgeschichte, S. 261.
8) Blümcke a. a. O., S. 250.
9) Hans. Urkundb., V, Nr. 245.
10) Hans. Urkundb., V, Sachregister.

dem Emporkommen der Hanse und der Ausbreitung des Zwischenhandels hielten die Weine Italiens und Frankreichs ihren Einzug in Norddeutschland und verdrängten die heimische Produktion, die auch schon klimatischen Veränderungen zum Opfer zu fallen begann. Immerhin hielt sich der einheimische Wein noch lange Zeit neben seinem fremden Rivalen. Diesen Widerstand verdankte er einmal seiner Wohlfeilheit, und dann suchte man die fremden Weine durch Mischung mit einheimischen bekömmlicher und schmackhafter zu machen. Der nordische Weinbau im Gebiete der Hanse mußte endlich den Veränderungen des Klimas und Veränderungen im Geschmack der Konsumenten und dadurch in der Nachfrage weichen.

Weinbau gab es zu allen Zeiten in deutschen Landen. Die Bekanntschaft mit dem Wein verdanken unsere Vorfahren den Römern. Die Kultur der Reben dagegen lernten sie erst von den Missionaren. Daher entwickelte sich der erste Anbau von Wein auch ausschließlich im Schutze der Klöster, wo er in den Mönchen verständnisvolle Pfleger fand. So schreibt die Volkssage dem Bonifazius, als er Erzbischof von Mainz war, die Anlage zahlreicher Weinberge um Mainz herum zu. Unter Karl dem Großen ging die Weinkultur aus der Hand der Geistlichkeit in die des Volkes über; namentlich im Süden seines Reiches machte der Weinstock gewaltige Fortschritte. Bayern und Schwaben lernten von dem benachbarten Frankreich, während die Franken am Rhein durch Karl selbst auf den Weinbau geführt wurden. Um diese Zeit entstanden die reichen Weingefilde, die unter Karls Obhut speziell in der heutigen Rheinpfalz von den Klöstern der Benediktiner und Benediktinerinnen bebaut wurden. Diese Weinkulturen erreichten schon ein Menschenalter nach dem Tode Karls eine solche Blüte, daß sie im Vertrage zu Verdun besonders erwähnt wurden und mit ihren Mittelpunkten Mainz, Worms und Speyer zu dem Besitzteil Ludwigs des Deutschen geschlagen wurden[1]). Auch im Rheingau war Karl um den Weinbau eifrig bemüht und schaffte um seine Burgen und Sitze, namentlich Rüdesheim und Ingelheim, zahlreiche Musterkulturen. In seinem capitulare de villis stellte er Regeln und Anweisungen für Bau und Ernte des Weinstockes bis zur Weinbereitung zusammen[2]).

Auch die ersten schwachen Anfänge eines Weinhandels machen sich unter Karls Regierung bemerkbar; die Weine des Elsaß fanden

---

1) Heeger, Der Pfalzwein, S. 10 u. 11.
2) v. Carlowitz, Versuch einer Kulturgeschichte des Weinbaues, S. 75.

ihren Weg den Rhein hinab zu Sachsen und Friesen, die durch den Grad ihrer Kulturstufe für einen rationellen Weinbau noch nicht reif waren [1]).

Unter der Regierung der sächsischen Kaiser breitete sich der Weinbau immer mehr aus und drang bis nach Schwaben, Bayern und Tirol vor. Namentlich nach Beseitigung der Ungarngefahr wandte sich die Bevölkerung Bayerns mit erhöhtem Interesse dem Weinbau zu; vor allem in Regensburg entstand in dem dortigen Kloster St. Emeran eine blühende Pflanzstätte für Rebenkultur, die sich vom Ende des 9. Jahrhunderts an über die benachbarten Landschaften ausdehnte. Donauaufwärts waren damals Kruckenberg und Riedenburg Weinnamen von gutem Klang [2]).

Im Norden überschritt der Weinbau um diese Zeit die Saale; die Neugründungen von Meißen, Merseburg und Zeitz durch Otto den Großen wurden Pflanzstätten der Rebe [3]). Einzelne Bischöfe gelangten im frühen Mittelalter wegen ihrer Weinkulturen zu hohem Ansehen, so Bischof Benno von Osnabrück, Beanvard von Hildesheim und Adalbert von Bremen. Diese Kirchenfürsten hatten den erziehlichen Wert der Rebenkultur erkannt und suchten das Praktische mit dem Nützlichen zu verbinden, indem sie sich durch die Eigenproduktion von dem damals immer noch unsichern Handel emanzipierten; zumal da für ihre geistlichen Verrichtungen der Wein unentbehrlich war. Namentlich Hildesheim pflegte schon frühzeitig die Weinkultur außerordentlich; das Kloster besaß in Geisenheim und Boppard und in der Nähe von Würzburg eigene Weinberge [4]).

Einen Anstoß zur Weiterentwicklung der heimischen Kulturen brachten die Kreuzzüge, die die Rebe des Orients und Griechenlands einführten; gleichzeitig öffnete Frankreich seine Grenzen, und die Reben der besten französischen Sorten hielten ihren Einzug. Mit ihnen erschienen die Kluniazenser und Cisterzienser und verbreiteten die neuen Reben in allen Teilen des deutschen Reiches [5]), wo sie im Verein mit den einheimischen Gewächsen neue Sorten schufen. Ihnen verdankt die deutsche Weinkultur nicht zum wenigsten den kräftigen Fortschritt

---

1) Nordhoff, Der vormalige Weinbau in Norddeutschland, S. 3.
2) Reindl, Die ehemaligen Weinkulturen in Südbayern i. d. Mitteil. d. geographisch. Gesellschaft zu München, Heft 19, S. 94, 95.
3) v. Carlowitz a. a. O., S. 79.
4) Janicke, Das Weinamt der Domherrn zu Hildesheim, in Zeitschr. des histor. Ver. f. Niedersachsen, 1887, S. 272.
5) Nordhoff a. a. O., S. 10.

und die Ausbreitung, wie wir sie zur Blütezeit der Hanse im 12. und 13. Jahrhundert vorfinden.

In diesem Zeitraum hatte der deutsche Weinbau ungefähr folgende Ausdehnung: die heutigen Kulturen am Rhein erstreckten sich viel weiter; in Köln wuchs viel, wenn auch saurer Wein, und bis nach Xanten herunter konnte man Reben antreffen. Diesseits des Rheines war in Westfalen vor dem Erwachen der Industrie das Land weithin mit Reben bedeckt; Altena, Iserlohn und Höxter waren Mittelpunkte intensiven Weinbaues [1]. Doch hat sich der westfälische Weinbau nicht lange gehalten, die Konkurrenz des rheinischen Handels und die Entdeckung der reichen Bodenschätze des Landes setzten ihm bald ein Ziel. Im Gegensatz zu Westfalen breitete sich im Münsterland der Weinbau bedeutend aus und erfreute sich langer Blüte; namentlich nahm sich hier wieder die Geistlichkeit der Kultur an. Die Bistümer Münster und Paderborn zogen geschätzte Sorten auf ihren schon früh angelegten Weinbergen. Schon im 12. Jahrhundert sollen die Benediktiner mit Weinpflanzungen begonnen haben, deren Spuren zu Leckum am Macklenberg noch heute nachweisbar sind [2]. Mit dem Wesergebirge findet der mittelalterliche Weinbau seinen Abschluß; im Kloster Korwey besitzt er seinen letzten Ausläufer. Aber dieses Kloster konnte, ähnlich wie Hildesheim, seinen eigenen Bedarf nicht mehr selbst produzieren; es besaß deshalb eigene Weinberge am Rhein und an der Mosel.

Die Ebene zwischen Bremen und Hamburg ließ keinen Weinbau zu. Dagegen blühte in Altsachsen und in der Mark Brandenburg der Weinbau außerordentlich. In Altsachsen war Hildesheim einer der wichtigsten Mittelpunkte des nordischen Weinbaues; außer dem Kloster besaßen auch die meisten kleineren Kapellen ihre eigenen Weinberge [3].

Den bedeutensten Weinbau und Export des ganzen Nordens besaß die Mark Brandenburg [4]; die Weine von Rathenow, Brandenburg, sowie namentlich von Guben waren weit verbreitet [5]. Der Gubensche Wein ist einer der wenigen deutschen Landweine, die auch im internationalen Weinhandel eine Rolle spielen; im Weinhandel des preußischen Ordens kommt sein Name oft vor. Von Brandenburg breitete

---

1) Wiegand, Gesch. d. Reichsabtei Corvey und der Stadt Höxter.
2) v. Carlowitz a. a. O., S. 15.
3) Kratz, Der Dom zu Hildesheim, Bd. III, S. 87.
4) P. Schwarz, Der Weinbau in der Mark Brandenburg, S. 17.
5) Hausen, Darstellung des Weinbaues in den Marken Brandenburg, S. 26.

sich die Rebenkultur im Anfang des 16. Jahrhunderts auch nach Mecklenburg aus; doch werden Weinberge in Verbindung mit Klöstern schon in Urkunden von 1284 erwähnt[1]). Von hier drang die Rebe bis in den Sandboden der Ostsee vor; in Lübeck soll noch der Name „Weinberg" an ihre Verbreitung erinnern[2]).

Nicht zu übergehen ist auch der Weinbau in Schlesien; schlesische Weine waren unter dem Namen „Grünberger" wegen ihrer reichen Erträge im ganzen Mittelalter weit bekannt und verbreitet.

Der norddeutsche Weinbau ist, abgesehen von Temperaturveränderungen, vor allem dem Handel zum Opfer gefallen. Als der Weinbauer sah, daß er, ohne sich der Mühe des Anbaues zu unterziehen, durch die Weinkaufleute vom Rhein bessere und billigere Ware beziehen konnte, ließ er seine Weinberge eingehen und überließ es dem Handel, das Weinbedürfnis zu befriedigen.

Jetzt trat der hansische Weinhandel erst voll in seine Rechte.

Kapitel III.

Der hansische Aktiv- und Zwischenhandel.

1. Der hansisch-englische Handel.

England ist das erste nordische Gebiet, mit dem die Deutschen in Handelsbeziehungen getreten sind; diese Tatsache liegt in dem Charakter des niederrheinischen Handelsgebietes begründet. Während die meisten deutschen Gebiete in ihrer Abgeschlossenheit auf den Binnenhandel angewiesen waren, lenkte der Lauf des Rheins den Handelsstrom auf England hin. Denn hier begegneten sich die letzten Ausläufer des Mittelmeerhandels mit dem des rheinischen Wirtschaftsgebietes. Ein zweites Moment für die früh ausgebildete englischdeutsche Handelstätigkeit lag in der rechtlichen Stellung, welche die Deutschen sich früh in England zu erwerben verstanden hatten. Mit einer geradezu beispiellosen Zähigkeit und Ausdauer gelang es den Hansen, im Laufe der Jahrhunderte diejenigen Privilegien zu erlangen, auf deren Basis sich der hansische Handel in England zu einer solchen imponierenden Größe entwickelt hat. Die ältesten Beziehungen der Hansen zu England gehen bis in das 10. Jahrhundert zurück; man nannte sie hier „Leute des Kaisers" und verstand darunter Kaufleute

---

1) Mecklenburg Urkundb., I, Nr. 766.
2) Wehrmann, Der Ratsweinkeller zu Lübeck, in d. Zeitschr. d. Vereins f. lüb. Gesch., Bd. II, S. 86.

des Niederrheins, speziell aus Köln und den flandrischen Provinzen, dann auch aus Hamburg, Lübeck, Bremen, Braunschweig und Lüneburg.

Während dieses Zeitraums ist allerdings von einem gemeinsamen Vorgehen deutscher Kaufleute noch keine Rede; es kommen hier lediglich Freibriefe und Privilegien für einzelne Städte, die in England Handel treiben, in Betracht; so die Freiheiten der Braunschweiger von 1230, die Freibriefe für Hamburg von 1266, für Lübeck 1267 [1]). Allmählich schlossen sich diese einzelnen deutschen Städte zusammen und repräsentierten in der Gildhalle eine Gemeinschaft, die jetzt mit Entschlossenheit den Kampf um ihre Privilegien aufnahm [2]). Namentlich Köln gebührt hier das Verdienst, die Landsmannschaften in der Gildhalle zusammengeführt und den Deutschen einen gesicherten Rechtszustand geschaffen zu haben.

Im 13. Jahrhundert gelang es Lübeck, im Bunde mit Hamburg sich gegen die Kölner Herrschaft zu erheben; ein Umschwung, der allen weiter daran beteiligten Städten des nördlichen Deutschlands zugute kam. Das Privileg König Heinrichs III. aus dem Jahre 1238 öffnete ihm den Besuch Englands zu Handelsunternehmungen, und Lübeck tritt nun an die Spitze der Vereinigung deutscher Kaufleute oder der Hanse Alemanniens, wie sie damals zuerst genannt wurde. Der Anfang zu einer selbständigen Genossenschaft war gemacht, sie hatte ihr Gildehaus und bemühte sich auf dieser Basis, ihre bereits erlangten Freiheiten zu behaupten und zu erweitern. In der magna carta Eduards I. von 1303, die als die Grundlage des englisch-hansischen Handels anzusehen ist, wurde allen Fremden völlige Handelsfreiheit in England gewährt.

Von kleineren Verordnungen abgesehen, war das nächste bedeutsame Aktenstück der Vertrag zu Utrecht 1474, in dem die Hansen auf Grund ihrer Eduard IV. gegen Frankreich geleisteten Dienste neben Wiedereinsetzung in ihre früheren Rechte verschiedene günstige Privilegien erlangten; so wurde ihnen der Stahlhof in London und Boston zur Verfügung gestellt und ihnen abermals Handelsfreiheit im ganzen Lande bestätigt. Dieser Utrechter Vertrag bedeutet für die Hansen den Höhepunkt ihrer Macht; gleichzeitig beginnen im Bunde die zentrifugalen Kräfte zu wirken: die hervorragendsten Städte suchen Sonderprivilegien zu erlangen, intriguieren gegeneinander und zersplittern ihre Macht; an dieser Uneinigkeit ging die Hanse in England zugrunde.

1) Sartorius, Gesch. d. hansischen Bundes, I, 282 ff.
2) Lappenberg, Urkundl. Gesch des Londoner Stahlhofes, S. 18 ff.

Die Vorbedingung für eine rechtlich gesicherte Stellung des deutschen Kaufmanns war durch ein wohl organisiertes Fremden- und Schuldrecht gegeben; infolgedessen konnte sich der hansische Handel in großartiger Weise in England entwickeln.

Schon von alters her spielt der Import von Rheinwein eine große Rolle. Die ältesten Nachrichten reichen in die Zeit zurück, in der eine Vereinigung der Hansen noch nicht stattgefunden hatte und Köln noch allein die maßgebende Rolle im hansisch-englischen Handel spielte. Demgemäß haben auch die erhaltenen Urkunden die Regelung der Handelsbeziehungen zwischen Köln und London zum Inhalt. 1157 richtete Heinrich II. von England an die Sheriffs von London die Botschaft, daß er den Kölner Kaufleuten die Erlaubnis erteilt habe, ihren Wein ebenso in London anzubieten, wie der aus Frankreich eingeführte Wein feilgehalten wird[1]). Diese Urkunde bildet einen Beleg für die Annahme, daß den deutschen Kaufleuten in der ersten Periode ihrer Handelstätigkeit nur kleinere Privilegien seitens der Krone bewilligt worden seien, die lediglich als eine Gnade des Landesherrn aufzufassen sind, nicht aber der geschlossenen Machtstellung der fremden Handeltreibenden ihre Entstehung verdanken. Leider bildet diese Urkunde die einzige Quelle für den Weinhandel dieser frühesten hansischen Handelsperiode.

Eine Durchführung der verliehenen Rechte findet erst statt, als sich die deutschen Kaufleute unter der Führung Lübecks zusammengeschlossen hatten und so die Ursache zu der carta mercatoria von 1303 wurden. Während die Kaufleute aller Nationen für ihre Waren eine umfassende Handelsfreiheit, d. h. freie Ein- und Ausfuhr nach Bezahlung des fetgesetzten Zolles, erhielten[2]), enthielt die carta für den Weinhandel die Einschränkung, daß Wein, wenn er einmal eingeführt war, nur mit besonderer Erlaubnis wieder ausgeführt werden durfte. Im Lande blieb den hansischen Kaufleuten der Groß- und Kleinhandel unbenommen, nur das Feilhalten von Wein in Wirtshäusern war untersagt.

Wichtig für den Weinhandel war allein das dem König zustehende Recht der prisa[3]). Die prisa im Verein mit der purveyance gaben dem König das Recht, seine Waren zu einem niedrigst angesetzten

---

1) Hans. Urkundb., I, Nr. 13.
2) Keutgen, Beziehungen der Hanse zu England, S. 5.
3) Hall, History of the custom-Revenue in Engl. I, S. 55, II, S. 60 ff.; Kunze, Hanseakten, S. XXXVII und XXXVIII.

Preise einzukaufen. Die purveyance bezog sich nur auf Bodenprodukte, während die prisa von den anderen Gegenständen des Handels, wie Metalle, Leinwand, Holz- und Stahlwaren, erhoben ward[1]). In natura hat sich dieses Recht nur für Wein erhalten; Schiffe mit einer Ladung von weniger als 10 Fässern waren abgabefrei, von 10 bis 20 Fässern an aufwärts gehörte ein Faß dem König, von mehr als 20 Fässern gehörten zwei dem König[2]). Eine zusammenhängende Darstellung dieses Rechts der prisa gibt eine Verhandlung vor dem Londoner Schatzamt gegen den deutschen Kaufmann Franko von Köln. Dieser hatte sich der Verletzung des Prisenrechtes des Königs insofern schuldig gemacht, als er seine Ladung Wein aus dem Schiffe ausladen ließ, ohne die zwei dem König gehörigen Fässer, nämlich „ein Faß vor dem Mast und eins hinter dem Mast" abgeliefert zu haben, und außerdem die nach Entdeckung der Hinterziehung an die Fässer angelegten Siegel erbrochen hatte. Eine Erklärung für den Ausdruck „vor und hinter dem Mast" läßt sich nicht finden; vielleicht handelt es sich um einen altertümlichen Ausdruck einer früheren Verordnung; denn für das Alter des Prisenrechtes zeugt das regelmäßige Beiwort consuetus in der Wendung „de rectis prisis suis debitis et consuetis[3]). An die Stelle der Weinprise trat mit dem Erlaß der carta mercartoria von 1303 die sogenannte Butlerage[4]), eine Zollabgabe von 2 Schillingen für jedes Faß[5]). Sie bot als eine feststehende Abgabe einen Anteil für die Hansen, während die Prise an Bedeutung verlor oder gewann, je nach dem wie der Preis des Weines stand. Als dann 1311 die carta mercartoria für ungültig erklärt wurde, fiel die Butlerage und der König verlangte aufs neue die Prise. Dagegen erhoben die Hansen Einspruch, weil ihre Fässer der normalen Aichung nicht entsprachen und die Prise nach altem Herkommen deshalb von ihnen nicht erhoben werden sollte. Im Jahre 1304 befahl König Eduard dem Schatzamt, die Verhandlungen über die Rheinweinprise zu Ende zu führen[6]).

---

1) Hall a. a. O., II, S. 102.
2) Kunze, Hanseakten aus England, Urk. Nr. 52 und S. XXXV.
3) Kunze a. a. O., S. 45.
4) Hall a. a. O., II. S. 60 ff.
5) Keutgen a. a. O., S. 6.
6) Hans. Urkundb., II, Nr. 252. Kunze, Hanseakten, S. XXXV und XXXVI. Eine Weiterführung der Angelegenheit ist aus den Urkunden nicht ersichtlich; als 1322 die carta mercartoria wieder eingeführt wurde, war die Sache an sich dadurch erledigt.

Die Ausfuhr- und Einfuhrtabellen von 1303 bis 1311[1]) sind erhalten und bieten ein genaues Bild über den damaligen Warenverkehr; Angaben über Wein fehlen leider gänzlich.

Wenn auch diese ganze Bewegung der Londoner Kaufmannschaft, die in der Aufhebung der carta mercatoria ihren Abschluß erhielt, sich in erster Linie gegen die Italiener, die während des 13. Jahrhunderts den Londoner Geldmarkt beherrschten, richtete und die hansischen Kaufleute bei diesen Maßregeln erst in zweiter Linie in Betracht kamen, so mußten letztere doch trotzdem wieder mit dem Kampf um Erlangung einzelner Privilegien beginnen. Es war der staatsrechtliche Zustand des 13. Jahrhunderts zurückgekehrt, nur mit dem Unterschied, daß die Hansen in ihrer Vereinigung jetzt eine geschlossene Macht zur Erringung ihrer alten Privilegien ins Feld führen konnten. — Schon 1317 erhielten sie ein neues, großes Privileg, in dem sie die Bestätigung ihres Anspruches auf ausgedehnten Rechtsschutz erhielten; in den folgenden Jahrzehnten, in denen fremde Nationen, wie die Spanier, an der Vermehrung ihrer Privilegien arbeiteten, verhielt sich der hansische Kaufmann gänzlich ruhig. In bezug auf den Weinhandel fehlt es an Belegen bis zum Jahre 1342. In dieser ganzen Zeit gestaltete sich die Lage der Ausländer immer vorteilhafter; außerdem machte sich in der Londoner Bevölkerung selbst eine Strömung für die fremden Kaufleute bemerkbar. Durch die Bedrückung der englischen Handeltreibenden war ein allgemeiner Rückgang im ausländischen Handel eingetreten und damit verbunden eine große Preissteigerung der Waren. Jetzt traten auch die hansischen Weinkaufleute hervor und verlangten die Freigabe des Weinverkaufes im kleinen und im großen in der Stadt[2]) was ihnen in der carta von 1303 ausdrücklich verboten war.

Ihrem Verlangen wurde auch von seiten des Königs nachgegeben, der ihnen eine günstige Antwort zuteil werden ließ[3]). Diese Freigabe des direkten Handels mit der Londoner Bevölkerung bedeutete für den deutschen Kaufmann einen großen Fortschritt, denn sie befreite ihn von dem lästigen Zwischenhandel, und andrerseits konnte er sich im persönlichen Verkehr mit seinen Konsumenten über deren Bedürfnisse und Geschmack aus eigener Anschauung unterrichten. Der englische Bürger hingegen erhoffte von dieser Maßregel einen Rückgang in der Preissteigerung, den er eben mit Recht auf den Zwischenhandel zurückführte.

---

1) Schanz, Englische Handelspolitik, Urk. Nr. 369—374.
2) Hans. Urkundb., II, Nr. 708.
3) Hans. Urkundb., II, Nr. 709.

In die Regierungszeit Eduards III. (1327—1377) fällt zuerst eine Ordnung des Stapelverkehrs und des Kleinverkaufes in der Stadt[1]). Auch der Wein hat darin Platz gefunden. Danach dürfen fremde und einheimische Kaufleute Wein in alle Häfen und in alle Städte des Binnenlandes auf den Stapel bringen, sie sollen frei von jedem Zoll oder ungerechten Forderung sein und ihre Waren im Groß- oder Kleinhandel vertreiben können. Diese Verordnung ist somit eine Gesamtbestätigung der bisherigen Privilegien; eine Neuerung hingegen bildet das Verbot, den Schiffern, die den Wein herbeibrachten, entgegenzufahren und schon vorher mit dem Eigentümer der Weinladung Kaufabschlüsse zu vereinbaren.

Erst nach Landung der Waren am Stapel wird der Handel freigegeben. In Berücksichtigung der Ordnung von 1342, die zur Beseitigung des Zwischenhandels erlassen war, ist diese Maßregel nur gerechtfertigt. Es scheinen sich in der kurzen Zeit von einem Jahrzehnt einzelne Unternehmungen oder auch Gesellschaften gebildet zu haben, die den Weinverkauf en gros betrieben und auf diese Weise die Preisbildung für Wein im Detailverkauf in die Hand bekommen wollten. Diese Bestrebungen wurden durch die Verordnung, wenn auch nicht aufgehoben, so doch wirksam unterbunden. Welche Bedeutung der Weinverkauf in London jetzt gewonnen hatte, geht, abgesehen von der Verlängerung des Schutzes des Weinimportes für die deutschen Kaufleute seitens des Königs[2]), aus dem Erlaß über die Taxe im Weinverkauf hervor[3]). Dieselbe wurde 1354 aufgestellt, um zu große Preisforderungen unmöglich zu machen; sie setzte den Preis für ein Faß Wein in London, den Vorstädten und in den nördlichen und östlichen Provinzen und Häfen bis Southampton auf 6 Denare fest; von Southampton nach Westen, d. h. in den Grafschaften Southampton, Somerset, Gloucester, Cornwall, Devon und Wales auf 5 Denare. Ein Erlaß von 1454 bestimmte ergänzend, daß bei Übertretungen der obigen Vorschriften seitens der Weinhändler und Weinschenken dem Rate der einzelnen Städte das Recht zustehen sollte, in die Schenken einzudringen und den Weinschank zu sistieren oder den Wirt zu veranlassen, den Wein zu dem angeordneten Preise zu überlassen. Alle Streitigkeiten, die im Detailverkauf zwischen Käufer und Verkäufer vorkamen, wurden vor die Schranken einer Jury von zwei Lombarden, zwei Deutschen und zwei Engländern gewiesen[4]).

---

1) Hans. Urkundb., III, Nr. 571, § 10.
2) Hanserezesse, 1. Abteil. I, Nr. 153.
3) Hans. Urkundb., III, Nr. 424, Anmerkung.
4) Sartorius a. a. O., S. 310.

Das charakteristische Moment für die Entwickelung der hansisch-englischen Beziehungen ist der Kampf der Hanse für ihre Privilegien und das Bemühen der Engländer, sich dieser Privilegien zu entledigen, die sich für ihren mehr und mehr ausbreitenden Eigenhandel teils in der Konkurrenz teils in anderweitigen Behinderungen drückend fühlbar machten. Die Engländer suchten dies teils ungesetzlich, teils gesetzlich in der Form von Parlamentsbeschlüssen durchzusetzen und die einzelnen Vollmachten des hansischen Kaufmanns bis ins kleinste zu fixieren. Diesem Bestreben verdankt auch die ausführliche Vorschrift über die Eichung der in England eingeführten Weinfässer vom Jahre 1358 ihre Entstehung [1]). Da der Erlaß urkundlich der erste Beleg ist, den Weinhandel und Verkauf an vorgeschriebene Maße zu binden, sei sein Inhalt skizziert.

Alle eingeführten Weine müssen zuerst von den königlichen Eichungsbeamten geeicht werden; weigert sich ein Eigentümer, seine Fässer eichen zu lassen, soll er mit Gefängnis bestraft werden. Wenn der Eichungsbeamte als unzuverlässig befunden wird oder sich zum Schaden der Käufer Bestechungen zugänglich zeigt, soll er dem geschädigten Käufer den Schaden dreifach ersetzen, seine Stellung verlieren und mit Gefängnis bestraft werden. Wenn in einem Fasse weniger enthalten ist, als nach der Faßakzise anzunehmen ist, so muß beim Kauf der Wert des fehlenden Quantums vom Ganzen abgezogen werden. Wenn Kaufleute ihren Wein ungeeicht in den Tavernen der Stadt zu verkaufen suchen oder den Eichungsbeamten am Eichen hindern, sollen ihre Namen öffentlich bekannt gemacht und sie selbst zur Rechenschaft herangezogen werden. Ferner war es ein beliebtes Verfahren der Kaufleute, die Fässer vor dem Eichgeschäft zu öffnen, kleine Quantitäten Wein herauszunehmen und dann die Fässer wieder zu verschließen. Auf diese Weise umgingen sie die Eichungskosten und erzielten durch den Verkauf des entwendeten Weines trotzdem die gleichen Preise; auch gegen dieses Verfahren wendet sich der Erlaß.

Wenn man den mehr und mehr zunehmenden englischen Handel in Betracht zieht, so sind die Bestimmungen für den Handelsverkehr der Kaufleute nicht als übermäßig drückend anzusehen, da sie doch lediglich zum Schutze des kaufenden Publikums gegen Ausbeute erlassen wurden. Gegen die Eichungsbeamten werden noch alle Arten mittelalterlicher Strenge bei Übertretungen angewandt: wird ein Beamter bei einer Unredlichkeit in der Ausübung seines Geschäftes einem

---

1) Hans. Urkundb., III, Nr. 424.

Käufer gegenüber betroffen, so hat er diesem nicht nur einen drei-
fachen Schadenersatz zu leisten, sondern wird auch noch mit Gefängnis
bestraft. Im großen und ganzen bleiben unter der Regierung Eduards III.
die alten Zollprivilegien, von einzelnen kleinen Konzessionen abgesehen,
bestehen; die Urkunden, die diese Konzessionen zum Inhalt haben [1]),
kommen für den Weinhandel nicht in Betracht, da sie sich auf die
Regelung des englischen Woll- und Tuchhandels beziehen. Erst unter
Eduards Nachfolger, Richard II., hören wir von neuerlichen Erlassen
über den hansisch-englischen Weinhandel [2]).

In seinem letzten Regierungsjahre hatte Eduard III. das von
ihm selbst ausgestellte Privileg wieder zurückgenommen [3]), in dem er
den hansischen Kaufleuten in London den Kleinverkauf mit Wein erlaubt hatte. Richard II. bestätigte die Freiheiten der deutschen Kaufleute durch Erneuerung der beiden Privilegien von 1303 und 1317;
da aber dasjenige von 1303 den Handel auch en détail nach Hinterlegung der Zollgebühr gestattet, so ist die Verordnung Eduards III.
hierdurch wieder aufgehoben. Diese beiden Privilegien bildeten fortan
die Grundpfeiler des hansischen Rechts in England; in der Folgezeit
handelt es sich bisweilen noch um einzelne kleinere Abänderungen,
aber im ganzen ist der Kampf der Hansen um ihre Privilegien jetzt
zur Ruhe gekommen, bis mit dem hereinbrechenden Verfall der Hanse
der Welthandel andere Richtungen nahm und sich auf einer neuen
Basis gründete. Größere Streitigkeiten entstanden nur einmal durch
Aussperrungen, die aber 1388 glücklich beigelegt wurden. Gegen
Ende des 14. Jahrhunderts ist der Zeitpunkt erreicht, wo sich die
Engländer dem Beispiel der hansischen Kaufleute folgend, ihrerseits
organisieren und namentlich mit dem deutschen Orden und Flandern
in selbständigen Handelsverkehr treten.

Wie vollzog sich nun der hansische Weinhandel mit England?
Es kommen hier zwei Richtungen in Betracht: einmal vermittelte
der deutsche Kaufmann den Weinverkehr aus Südfrankreich, wo la
Rochelle als Hauptstapelplatz anzusehen ist, und dann trieb er auf
eigene Rechnung Export der Rheinweine den Rhein hinunter durch
Flandern und Holland nach England. Der Handelsweg von Südfrankreich nach England muß uralt gewesen sein; daß auf ihm auch Wein
transportiert worden ist, hören wir erst verhältnismäßig spät. Hierbei

---

1) Hans. Urkundb., III, Nr. 397, Nr. 417.
2) Hans. Urkundb., IV, Nr. 605; Hanserezesse, 1. Abteil. II, Nr. 155.
3) Hans. Urkundb., IV, Nr. 569.

ist aber immer zu bedenken, daß diese Tatsache bei dem spärlichen und lückenhaften urkundlichen Material nicht viel zu sagen hat. 1363 wird den Weinkaufleuten aus der Gaskogne durch einen Erlaß Eduards III. das Recht zugestanden[1]), Heringe und Wolltücher zu exportieren. Da hier von den Weinkaufleuten aus der Gaskogne in Verbindung mit einigen ihrem Gewerbe fernstehenden Handelsprodukten nach Art eines Sammelbegriffes die Rede ist, so ist die Annahme berechtigt, dem hansischen Weinexport aus Südfrankreich nach England ein hohes Alter zuzuschreiben. Als direkte Importeure von Wein aus der Gaskogne nach England führt hansische Kaufleute eine Urkunde von 1316 an[2]): Dem Kölner Bürger Bref von Horn wird durch ein Schreiben des Grafen Wilhelm von Hennegau an König Eduard von England bezeugt, daß 108 Faß Gaskogner Wein, mit denen er in England gelandet ist, nur zur Einfuhr nach Holland bestimmt seien.

Eine Ladung von 108 Faß war für damalige Verhältnisse sehr groß, so daß man wohl nicht fehl geht, aus der obigen Angabe die Existenz selbständiger Weintransporte anzunehmen; es sind dies dieselben Weintransporte, wie wir sie später in Köln wiederfinden, wohin sie von den sogenannten Niederländern von Holland her den Rhein hinauf geführt wurden.

Dieser ganz bestimmte südfranzösisch-englische Weinhandelsweg sei noch durch zwei urkundliche Angaben belegt. Im Jahre 1387[3]) nimmt Richard II. hansische Kaufleute aus Stralsund mit ihrer Ladung von 300 Faß Wein, die sie von la Rochelle nach England verfrachtet hatten, in seinen Schutz; ebenso einen Kaufmann aus Genua, der gleichfalls in Stralsunder Schiffen aus la Rochelle Wein nach England exportiert hatte. An dieser Stelle sei eine Klage Stralsunds vom Jahre 1405 erwähnt[4]), in der es sich über die Wegnahme eines Weinschiffes mit 11 Faß Wein aus la Rochelle durch Bürger von Plymouth beschwert. Um endlich noch einen Beleg für la Rochelle als Weinmarkt anzuführen, sei eine Urkunde von 1388[5]) beigebracht, in der hansische Kaufleute 51 Fässer Wein von la Rochelle nach Irland verfrachtet haben. Neben la Rochelle kommen in zweiter Linie noch Bordeaux und Bayonne als Weinausfuhrorte in Betracht; wir hören wenigstens aus einer Urkunde vom Jahre 1391[6]), daß hansische Kauf-

---

1) Hans. Urkundb., IV, S. 49, Anmerk. 1.
2) Kunze a. a. O., Urkunde Nr. 60.
3) Kunze a. a. O., Urkunde Nr. 237.
4) Kunze a. a. O., Urkunde Nr. 345.
5) Kunze a. a. O., Urkunde Nr. 242.
6) Kunze a. a. O., Urkunde Nr. 265.

leute die Erlaubnis erhalten haben, Wein zollfrei aus den beiden genannten Hafenplätzen auszuführen und zwar als Rückfracht gegen Getreide, das sie wegen der herrschenden Teuerung in England aus
Preußen importiert hatten, aber nicht hatten verkaufen dürfen.

Als vierte Provenienz von französischem Wein kommt endlich
noch die Gegend von Poitou in Betracht, und zwar auch in Verbindung
mit preußischen und lübischen Schiffern [1]); einmal wird einem preußischen
Kaufmann von einem gewissen Wilhelmus von Cornwallis ein Schiff mit
92 Faß Wein aus Poitou weggenommen im Werte von 816 Nobeln; das
andere Mal wurde ein lübischer Kaufmann von Engländern seiner
Ladung beraubt; unter dieser befanden sich 22 Fässer Poitouwein.
Zwischen den vier genannten Häfen bewegte sich der französisch-
englische Zwischenhandel der Hansen; inwieweit der Weinhandel der
preußischen Städte hierbei in Betracht kommt, gehört in das Kapitel
des hansisch-preußischen Handels. Neben den preußischen Städten
und Stralsund nahm auch Lübeck und Hamburg an dem französisch-
englischen Zwischenhandel teil.

Der Verkehr Kölns mit England unter Benutzung des Rheins
fällt beinahe mit dem von Flandern zusammen.

2. Der hansisch-niederländische Weinhandel.

Die Stelle, wo sich der Handel des europäischen Nordens,
und besonders der niederdeutsche Handel mit dem Welthandel be-
rührte, war der internationale Markt in Flandern, in dessen Brennpunkt Brügge lag. Von nahezu ebenso hoher wirtschaftlicher Bedeu-
dung war in den eigentlichen Niederlanden die Grafschaft Holland
mit Dordrecht und das Bistum Utrecht mit Deventer als Mittelpunkt. In Verbindung mit diesen drei Städten, die wie Dordrecht und
Deventer im Stromsystem des Rheins gelegen und darum natürliche
Eingangstore des Handels sind, ist auch der hansisch-niederländische
Handel zu betrachten.

Diese Gebiete kommen größtenteils nur für den Durchgangshandel in Betracht; im Weinhandel trafen sich hier die Weinschiffe
auf der Fahrt den Rhein hinunter nach England mit den Weinkaufleuten aus Spanien und Frankreich, die hier Station zu machen pflegten,

---

1) Kunze a. a. O., Urkunde Nr. 317, § 8 und Nr. 329, § 18.

bevor sie ihre Fahrt nach England oder den baltischen Ländern fort-
setzten [1]). Da Brügge mit seinem Seehafen Sluys der bedeutendste
Handelsplatz Flanderns war, so kann es in den Mittelpunkt einer
Betrachtung über den hansisch-flandrischen Weinhandel gestellt werden.
Politisch gehörte Flandern zu Frankreich; die Grafen von Flandern
waren Lehnsträger der Krone Frankreichs. Neben den Grafen hatten
auch die Städte Brügge, Ypern und Gent vermöge ihrer wirtschaftlichen Blüte eine einflußreiche Stellung im Lande. Diese Tatsache
wird am bezeichnendsten durch den Umstand ausgedrückt, daß die
Städte dem deutschen Kaufmann aus eigener Machtvollkommenheit
Handelsprivilegien und Freiheiten innerhalb ihrer Mauern verleihen
konnten. Da Flandern für den hansischen Kaufmann Ausland war, so
war er natürlicherweise auf diese Privilegien angewiesen, die ihm, bedingt durch die mächtige Entwicklung des flandrischen Handels und
Gewerbefleißes, in beschränkterer Weise verliehen werden konnten,
wie in den kulturell noch nicht so fortgeschrittenen Ländern des
Nordens und des slavischen Ostens. Während die Grafen von Flandern den Hansen Verkehrsprivilegien und Freiheiten über den Handel
zu Wasser und zu Lande und Geleitsbriefe ausstellten, verliehen die
Städte natürlicherweise mehr Privilegien lokalen Charakters, wie Markt-
gerechtigkeiten, Wägeordnungen und Handelskonzessionen. Diese Privilegien bilden auch die Quellen für die Betrachtung des Weinhandels
der flandrischen Städte, speziell Brügges, und nach dessen allmählichem
Sinken auch Antwerpens.

Im Jahre 1252 erwarben die deutschen Kaufleute zum ersten
Male gemeinschaftliche Privilegien in Flandern; meistenteils betreffen
sie Zollvorschriften, wie in Brügge und Damme. Von einer Hanse
konnte in dieser Zeit keine Rede sein; deshalb wurden diese Privilegien auch den Kaufleuten des römischen Reiches verliehen. Im
Anschluß hieran wurde die Niederlassung zu Brügge besser organisiert [2]). Erst vom Jahre 1347 an kann man von einer Hanse in Flandern reden, nachdem sich die Einteilung des ganzen Gebietes des gemeinen Kaufmanns in drei Drittteile mit den Vororten Köln, Wisby
und Lübeck vollzogen hatte.

1) v. d. Osten, Die Handelssperre des deutschen Kaufmanns gegen Flandern
von 1358 bis 1360, S. 27.

2) Fischer, Gesch. des deutschen Handels, Bd. II, S. 60.

Größere Privilegien errangen die Hansen in Flandern in den Jahren 1307 und 1309 [1]), die für den Weinhandel in Betracht kommen. Schon von alters her bestand in Brügge ein lebhafter Weinhandel, namentlich mit Köln; zusammenhängende Nachrichten stammen erst aus der Mitte des 14. Jahrhunderts. Aber schon aus früherer Zeit sind verstreute Angaben erhalten. Im Jahre 1298 wird aus Brügge von einem Weinzoll berichtet [2]); schon vorher erhielt Lübeck wie Hamburg von dem Grafen Guido von Flandern vollkommene Handelsfreiheit in seinem Lande; später wurden sie auch von diesem Weinzoll für befreit erklärt. Eine allgemeine Verordnung über den Spezereihandel wird von der städtischen Behörde in Brügge im Jahre 1304 erlassen [3]), worin auch der Weinhandel nach einheitlichen Gesichtspunkten geregelt wurde; namentlich Rheinwein und spanischer Wein aus Galizien werden angeführt; aus der Angabe der Sorten ergibt sich die Vielseitigkeit des Weinhandels in Brügge, der in der zentralen Lage der Stadt seine Ursache hatte.

Politisch hat die Hanse in Flandern nie Einfluß besessen; dieser sank um so mehr, als die Kontore den Städten unterstellt wurden, wodurch es zu vielen Ausbrüchen der Gegensätze zwischen Stadtgemeinde und Kontor kam. Diese Verhältnisse besserten sich, als die Hansen gegen Flandern das Zwangsmittel der Handelssperre ergriffen, die von 1358 bis 1360 durchgeführt wurde; außerdem wurde zeitweilig der Stapel von Brügge nach Dordrecht verlegt. Mit Schluß der Handelssperre erlangten die Hansen freie Niederlassung in ganz Flandern. Schon im Jahre 1359 hatte die Brügger Stadtgemeinde durch Verheißung von Freiheiten den römischen Kaufmann zu bestimmen gesucht, den Stapel wieder nach Brügge zu verlegen; ein Jahr später willfahrte der Kaufmann dem Ansuchen Brügges unter der Annahme der obigen günstigen Bedingung. Jetzt erfolgte auch eine neue genaue Regelung des hansischen Weinhandels, die Graf Ludwig III. von Flandern in einer Freiheit vom Jahre 1360 festsetzte [4]). Der Weinverkauf im kleinen ist nach der alten Abgabe — von jedem Maß Wein ein Gewicht gewöhnlicher Groschen — erlaubt; Mischwein bleibt von jeder Abgabe befreit. Den Zollbeamten, Maklern und anderen zur Überwachung des Weinhandels an-

---

1) v. d. Osten a. a. O., S. 19.
2) Hans. Urkundb., I, Nr. 1297.
3) Hans. Urkundb., III, Nr. 624.
4) Hans. Urkundb., III, Nr. 495.

gestellten Beamten ist jeder Handelsverkehr mit den **Weinkaufleuten** untersagt; endlich können Fässer, die auf irgend eine **Weise** von ihrem Inhalt eingebüßt haben, wenn der Verlust nicht den vierten Teil des Inhaltes überschreitet, ohne Heranziehung eines Zollbeamten nachgefüllt werden, wobei das nachgefüllte Quantum von jeder **Abgabe** befreit war.

Trotzdem dieses Privileg auf einer gesunden Basis für den Weinhandel ruhte, hörten die Streitigkeiten zwischen den Hansen und Niederländern nicht auf; Schikanen und Reibereien kamen häufig vor. Im Jahre 1382 wurden zwei Kölner Bürgern von ihren in Brügge lagernden 58 Stück Wein 10 Stück von den Brüggelingen widerrechtlich genommen und verbraucht; die anderen 48 Stück hielten sie so lange zurück, bis sie verdorben waren[1]. Schon damals kam der deutsche Kaufmann wegen der Weinakzise mit der Stadt in Konflikt, worüber er in einem großen Rundschreiben an die wendischen Städte vom Jahre 1383 berichtet[2]; früher lag auf einem Stübchen Wein ein Zoll von einem englischen Groschen, jetzt war er auf drei Groschen erhöht worden[3].

Wegen dieser Mißhelligkeiten verlegte der Kaufmann 1388 den Stapel abermals von Brügge nach Dordrecht. Die Folge war eine größere Bereitwilligkeit der flandrischen Städte, vor allem Brügges, den Forderungen des Kaufmanns entgegenzukommen, da der Verlust des hansischen Stapels als ein empfindlicher Schlag für den flandrischen Handel und speziell für den Wohlstand Brügges empfunden wurde. Nur Baiisches Salz, Wolle und Poitouwein war nicht den strengen Anweisungen des hansischen Kaufmannes über den Bezug flandrischer Waren für das gesamte Gebiet der Hanse unterstellt; während jegliches Gut, das westlich der Maas gekauft war, in Hansestädten zum Verkauf gebracht werden durfte, blieben Baiisches Salz, Wolle und Wein von Poitou hiervon ausgeschlossen[4]. Es wurde verlangt, daß von allen Waren der Nachweis erbracht werden konnte, daß sie auf dem Stapel zu Dordrecht gelegen hatten.

Im Jahre 1392 wurde der Stapel wieder nach Brügge zurückverlegt. In der ganzen Zeit der Entwicklung hatte sich die wirtschaftliche Stel-

---

1) Hanserezesse, 1. Abt., II, Nr. 343, § 22.
2) Hans. Urkundb, IV, Nr. 767.
3) Hans. Urkundb., IV, Nr. 773.
4) Hanserezesse, 1. Abt., III, Nr. 428.

lung Kölns für den Nordwesten des hansischen Gebietes mehr und mehr gefestigt; wegen seiner zentralen Lage war es der Übergangspunkt für die Warenzüge, die von Italien durch Oberdeutschland teilweise mit Benutzung des Rheines nach Flandern und England gingen, und in umgekehrter Richtung englische und flandrische Tuche, sowie andere Produkte der reich entwickelten flandrischen Industrie exportierten. Denselben Warenzügen schloß sich auch der Kölner Rheinweinhandel an. Das oben angeführte Schriftstück vom Ende des 14. Jahrhunderts, das die Beschwerden Kölns über die Übergriffe Brügges gegen Kölner Bürger zum Inhalt hat, gibt ein Bild von dem Weinverschleiß der Kölner Kaufleute in Brügge. Diese Klageartikel bildeten damals mit einen bestimmenden Grund für die Verlegung des Stapels nach Dordrecht.

Die Organisation des Weinzapfes ist in Brügge im allgemeinen derjenigen in Köln nachgebildet. Das Zapfgesinde bestand aus dem Weinmeister der Tavernen, zwei Schenken und den Weinzapfern. In Köln stand an Stelle des ersteren meistens der selbständige Wirt. Der Weinmeister erhielt einen Lohn von vier Groschen, die Weinzapfer für jedes Faß, das gezapft ist, drei Groschen; die Weinschenken, deren Aufgabe es war, den Wein vor der Tür zu zapfen, für jedes verzapfte Faß vier englische Groschen, der Weinschröter für jedes abgeladene Faß Wein drei englische Groschen. Diese Zapfordnung wurde später noch verbessert und ergänzt, einzelne Gewerbe, wie die Weinschröter, erhielten 1392 eigene Ordnungen. Wie in den Hansestädten des Nordens wurden die Weinschröter nach den Weinsorten, die sie zu schröten hatten, getrennt in solche, die nur Rheinwein, und in solche, die spanische, d. h. allgemein außerdeutsche Weine zu besorgen hatten [1]. Wie in Köln, wurde ihr Verdienst genau geteilt; außerdem bestand für sie die Verpflichtung, immer in genügender Zahl an den Kranen vorhanden zu sein und sich den Kunden ungesäumt zur Verfügung zu halten.

Eine drückende Verpflichtung für die Kölner Weinkaufleute in Brügge, wegen der sie sich auch in fortgesetzten Klagen ergingen, war die, daß sie den Wein, den sie einmal in Brügge eingeführt hatten, auch unter allen Umständen dort an den Mann bringen mußten. Diese Verordnung war um so empfindlicher, als den Kaufleuten jede Möglichkeit, ihren unverkauften Wein beispielsweise nach England,

---

1) Hans. Urkundb., Bd. V, Nr. 83.

das während des ganzen Mittelalters der Hauptabnehmer für Rheinwein war, weiter zu transportieren, genommen war. Veranlassung zu anderen Klagen bildeten die willkürliche Erhöhung des Zolles auf Rotwein, der früher nur ein Pfund Groten betragen hatte, und die Abgabe von dem Wein, den sie mit ihrem Gesinde in ihren Herbergen tranken, und der bis dahin von allen Abgaben befreit geblieben war.

Diese Angaben erlauben mancherlei Schlüsse zu ziehen; die Kölner hatten demnach in Brügge eigene Tavernen, in denen sie eigenes Personal, vermutlich aus der Heimat mitgebracht, beschäftigen durften. Allgemein hatten sie sich der städtischen Organisation des Schankbetriebes anzupassen und sich in Lohnfragen den Vorschriften der Gewerbepolizei zu unterwerfen. Mit ihrem Wein mußten sie, wenn sie auf der Fahrt nach England nach Sluys, dem Außenhafen von Brügge, kamen, in Damme auf den Stapel gehen [1]). Dieser Stapel gab fortgesetzt Anlaß zu lebhaften Klagen, die meistens in Beschwerden über ungerechte Behandlung durch Makler, Kranenmeister und Weinschröter gipfelten.

Der politische Grund dieser Vergewaltigungen, die sich nicht nur auf den Kölner Bürger, sondern auf den deutschen Kaufmann überhaupt erstreckten, lag darin, daß seit 1384 die flandrischen Städte einem neu aufstrebenden Herrschaftsgebiet angehörten, nämlich dem Herzogtum Burgund unter einem jüngeren Zweig des Hauses Valois. Das Zentrum des westdeutschen Handels war dadurch in die Hände einer außerdeutschen Dynastie gefallen, die versuchte, den Einfluß des deutschen Kaufmanns in diesem Wirtschaftsgebiet mit allen Mitteln zu untergraben und womöglich ganz zu beseitigen. Allein es gelang der Hanse, während des 15. Jahrhunderts ihre Stellung, wenn auch unter Aufbietung aller Kräfte, zu behaupten. Doch begannen seit dieser Zeit die nunmehr burgundischen Städte gegen die seeländischen und holländischen Städte bedeutend zurückzutreten. Diese nahmen nunmehr, namentlich was die Rheinschiffahrt und den Verkehr mit Köln anbetraf, die erste Stelle im hansischen Durchgangshandel ein. Zu dieser Abwendung des deutschen Kaufmannes haben nicht zum wenigsten die Bedrückungen und Streitigkeiten beigetragen, zu denen namentlich der lange Kampf um die Weinakzise in Brügge gehört, der Jahrzehnte lang die Gemüter in Aufregung erhielt und an seinem letzten Ende mit ein Grund für den wirtschaftlichen Nieder-

---

1) Hanserezesse, Abt. 1, III, Nr. 240, Abschn. 9, § 9.

gang Brügges und damit des deutschen Kaufmanns in ganz Flandern geworden ist.

Schon im Jahre 1395 sollte der deutsche Kaufmann zur Weinakzise in Brügge herangezogen werden [1]); das Ergebnis des Protestes, den er hiergegen erhob, ist nicht festzustellen. Im Laufe der nächsten Jahrzehnte wurde die Weinakzise eingeführt. Infolge des in Flandern herrschenden Aufruhrs wurde dem deutschen Kaufmann von dem römischen König gestattet, sein Kontor von Brügge nach Antwerpen zu verlegen [2]). 1491 richtete er sich hier ein. Diese Verlegung suchte Antwerpen seinerseits nun auszubeuten, indem es, abgesehen von anderen Unfreundlichkeiten und Belästigungen, die Weinakzise um ein beträchtliches erhöhte [3]). Unter Benutzung dieser Umstände gelang es Brügge, den Kaufmann zur Aufgabe seines Kontors in Antwerpen zu bewegen und sich wieder in Brügge niederzulassen. Als Gegenleistung hob Brügge die Weinakzise völlig auf [4]). Dieser Zustand dauerte aber noch keine zwei Jahre; 1494 sehen wir die Weinakzise nicht nur schon wieder eingeführt, sondern der römische König erlaubte der Stadt wegen ihrer durch die Aufstände der letzten Jahre hervorgerufenen finanziellen schlechten Lage dieselbe um das Sechsfache zu erhöhen [5]).

Ein allgemeiner Kampf gegen diese Maßregelung seitens des hansischen Kaufmanns begann. Köln war Führerin in diesem Streit, da die rheinischen Kaufleute sich am schwersten in ihrem Weinhandel bedrängt und geschädigt sahen. Köln wandte sich durch seine Reichstagsdeputierten in Worms an den römischen König; dieser aber versagte seine Hilfe mit dem Hinweis darauf, daß Brügge behauptet habe, die Erhöhung der Weinakzise sei im Einverständnis mit allen Hansestädten erfolgt [6]). Köln antwortete hierauf mit der völligen Einstellung des rheinischen Weinhandels in Flandern; speziell in Brügge [7]). Bald darauf ging es noch einen Schritt weiter und verlangte die Räumung des Kontors [8]); stieß aber mit dieser Forderung bei den wen-

1) Hanserezesse, 1. Abt., IV, Nr. 315.
2) Hanserezesse, 3. Abt., II, Nr. 289.
3) Hanserezesse, 3. Abt., II, Nr. 552, § 2.
4) Hanserezesse, 3. Abt., III, Nr. 170, § 1.
5) Hanserezesse, 3. Abt., III, Nr. 548.
6) Hanserezesse, 3. Abt., III, Nr. 560.
7) Hanserezesse, 3. Abt., III, Nr. 552.
8) Hanserezesse, 3. Abt., III, Nr. 570.

dischen Städten auf Widerspruch. Der Streit beschäftigt alle Städtedrittel, sogar die wendischen und livländischen Städte sehen sich gezwungen, sich mit der Angelegenheit zu beschäftigen [1]). Die Verhandlungen ziehen sich jahrelang hin, das neue Jahrhundert sah noch keine Aussicht auf Beilegung der Streitigkeiten, deren Ausgang nicht bekannt ist. Der Konflikt verläuft im Sande.

Es ist hier nicht der Ort, die Streitigkeiten genauer zu verfolgen; sie sind nur symptomatisch interessant. Vor allem führen sie die wirtschaftlich schwache Stellung des hansischen Kaufmanns in Flandern vor Augen, die er teilweise seiner eigenen Uneinigkeit und der Vertretung von Sonderinteressen zu verdanken hatte. Beide gingen bisweilen so weit, daß nicht einmal eine Stadt wie Köln die Mittel besaß, ihren Untertanen im Ausland ihren Willen aufzuerlegen [2]).

Unter diesen Umständen war an eine gedeihliche Entwicklung des hansischen Weinhandels in Flandern nicht zu denken. Mit dem politischen Niedergang Brügges, der sich an den wirtschaftlichen aufs engste anschließt, und dem Aufkommen Antwerpens wandte sich der hansische Weinhandel anderen Gebieten zu. Auch der Rheinverkehr bahnte sich einen anderen Weg; er folgte dem Rhein bis zur Mündung, wo Dordrecht sich bald zu einer Achtung gebietenden Stellung im hansischen Weinhandel emporschwang. Weiter erlangten durch die Abzweigung des Ostseehandels vom Rhein aus durch die Yssel die Städte an der Südersee und im Bistum Utrecht Einfluß, so namentlich Deventer, Kampen und Utrecht, am Rhein Nimwegen und Cleve.

Zur Betrachtung dieses holländisch-hansischen Handels ist Dordrecht als der geeignetste Platz als Ausgangspunkt anzusehen, da es durch seine Lage den Schlüssel zu dem gesamten Flußhandel auf dem Rhein bildete. Das Zusammentreffen von See- und Flußhandel war die Grundlage für seine nachhaltige, spätere Bedeutung. Schon aus früher Zeit sind Nachrichten über Weinhandel in Dordrecht erhalten. Das älteste Dokument ist eine Zollrolle aus dem Jahre 1287 [3]) für die Wareneinfuhr vom Lande her, wo neben Tuch auch Wein erwähnt wird. Allgemein wurde die Rheinschiffahrt schon viel früher von den

---

1) Hanserezesse, 3. Abt., III, Nr. 570, 593, 598.
2) Bei der Einstellung des Kölner Weinhandels in Brügge, betrieben kölnische Weinhändler ihren Schank ruhig weiter! Hanserezesse 3. Abt., III, Nr. 563.
3) Hans. Urkundb., I. Nr. 1033.

anwohnenden geistlichen und weltlichen Herrn, die in dem Rhein die
ungeheure Bedeutung für Handel und Verkehr des ganzen westlichen
Europas erkannt hatten, wohlwollend unterstützt. 1279 schlossen[1])
der Erzbischof Sigfried von Köln, der Herzog Johann I. von Flandern
und der Graf von Geldern und Cleve einen Vertrag zur Aufrechterhaltung des Friedens im Stromgebiet des unteren Rheines und der
Maas; in dem Vertrag heißt es wörtlich: „Wir wollen, daß Kaufleute
mit Wein und Salz auf Rhein und Maas wie von alters her verkehren."
Die Grafen von Holland, zu deren Herrschaft Dordrecht politisch
gehörte, ließen sich die Gunst der Lage dieser Stadt nicht entgehen
und errichteten hier einen Stapel für alle Schiffe, einerlei, ob sie
rheinaufwärts oder abwärts kamen. Der Stapel für Wein wird durch
einen Erlaß des Grafen Wilhelm von Holland im Jahre 1342 geregelt[2]); die Stapelfrist wird auf acht Tage festgesetzt. Ausgenommen
sind Weine, die gleich „von der Winde oder dem Krane" verkauft
werden, d. h. die gleich auf dem Rheine bei Ankunft der Weinschiffe
Käufer fanden. Die für den Hof des Grafen bestimmten Weine blieben
von dem Stapelzwang befreit; ebenso diejenigen Weine, die Dordrechter
Bürger nicht in Dordrecht verkaufen, sondern rheinaufwärts nach Köln
führen wollten. Unter diesen Weinen können nur französische Weine
gemeint sein, deren Handel der Graf seinen Bürgern erhalten und
durch Erlassen des Stapels eine wirksame Konkurrenz gegen die Kölner
Weinkaufleute schaffen wollte. Auf jeden Fall offenbarte der Graf
durch die ganze Veranlagung des Stapels eine handelspolitische Vor-
sorge für sein Gebiet, die im direkten Gegensatz zu den egoistischen
Vorgehen anderer kleinerer Machthaber steht.

Unter Graf Albrecht von Holland[3]) wurde ein allgemeiner Weinzoll für alle Weine, die „vom Westen kommen", eingeführt; von jedem
eingeführten Faß Wein wurden 90 holländische Pfennige erhoben. Der
Stapel blieb von diesem Zoll unberührt[4]); er wurde bald darauf insofern noch verschärft, als Graf Albrecht 1401 bestimmte, daß alle Untertanen ihren Wein nur in Dordrecht einzukaufen hätten, eine Maßregel,
die sich namentlich gegen die zunehmende Zentralisierung des Handels
durch Brügge, das um diese Zeit auf der Höhe seiner Macht stand,
richtete.

---

1) Hans. Urkundb., III, Nr. 616.
2) Hans. Urkundb., II, Nr. 720.
3) Hans. Urkundb., IV, Nr. 965, § 1.
4) Hans. Urkundb., IV, Nr. 1008.

Bei dem hansisch-niederländischen Handel handelt es sich ausschließlich um die Schiffahrtstraße des Waal, der sich handelspolitisch
von Dordrecht bis Köln erstreckt. Nach mittelalterlicher Gepflogen-
heit taten sich natürlich an einem so außerordentlich wichtigen Ver-
kehrsweg viele Zollstätten auf, die alle bestrebt waren, aus dem an
ihnen vorbeiziehenden Handel ihren Gewinnanteil zu schlagen. Die
bedeutendsten Zollstationen dieser Art bestanden für den großen Durchgangshandel in Dordrecht und Nimwegen. Nach der durch Herzog
Albrecht von Bayern, den Regenten von Holland, im Jahre 1379 er-
neuerten Zollrolle hatte in Dordrecht ein Weinschiff mit 100 Faß
Wein an Zoll 8 Schillinge und 8 Pfennige holländisch zu zahlen. In
Nimwegen aber war die 40. Mark (von der Ladung) zu entrichten.
Führten die Bürger jedoch den Wein rheinabwärts weiter, so wurde,
falls die Ladung weniger als 100 Mark repräsentierte, jede Roete zu
6 Mark gerechnet und mußte davon der 40. Pfennig bezahlt werden.
War die Ladung mehr als 100 Mark wert, so war für die ganze
Schute $2^1/_2$ Mark und 18 englische Pfennige oder ein Schwert zu entrichten[1]). Die für die Bürger von Emmerich aber im Verkehr in
Geldern zu zahlenden Abgaben vom Wein waren im Jahre 1370 festgesetzt und im Jahre 1388 neu geregelt worden. Nach dem Tarif
von 1370 war in Nimwegen nichts zu zahlen, nach dem Tarif von
1388 jedoch 7 alte Groschen[2]), von denen 4 die Herzogin Mutter von
Jülich und Geldern, 3 der Herr von Schönforst erhielten[3]). Cleve
wird einmal als Heimatsort von Weinkaufleuten genannt, die der Graf
von Holland in seinen Schutz genommen hatte. Nach verschiedenen
Anzeichen scheint sich jedoch in Cleve nur ein kleiner lokaler Weinhandel, wahrscheinlich im Anschluß an Köln und Aachen, ausgebildet
zu haben. Neben Dordrecht kommt als Handelszentrum für hansischen
Weinhandel Utrecht in Betracht; außerdem sind durch Benutzung der
Yssel Deventer und Kampen wichtig. Der Weg auf der Yssel wurde
wahrscheinlich spät in Benutzung genommen; für Weinhandel wird er
erst 1453 erwähnt. Diese Angabe stimmt auch zeitlich mit der Tatsache überein, die im hansisch-preußischen Handel bestätigt gefunden
wird, daß die preußischen Städte mit den Plätzen an der Südersee, wie
Kampen, Deventer, in lebhaftem Handelsverkehr standen und nament-

---

1) Hans. Urkundb., IV, Nr. 669.
2) Hans. Urkuudb., IV, Nr. 341, § 2.
3) Hans. Urkundb., IV, Nr. 927.

lich ausländische Weine auf diesem Wege bezogen. Im Jahre 1453 erteilte der Bischof Rudolph von Utrecht ein Handelsprivileg für den Weg auf der Yssel und stellt einen Zolltarif für Wein auf; unter diesem befinden sich Rheinwein, Malvasier und griechische Weine [1]. Ein lokaler Weinhandel bestand in Utrecht schon sehr früh [2]; schon 1233 erläßt die Stadt eine Verordnung über den Weinzapf innerhalb des städtischen Gebietes. Nur Utrechter Bürger durften Wein zum Verzapfen verkaufen; Zuwiderhandelnde müssen 10 Goldpfunde Strafe zahlen und durften ein Jahr lang keinen Handel in der Stadt treiben. Das Maklerwesen, das bei diesem schon so frühzeitig ausgebildeten Weinhandel ebenfalls zu den alten Einrichtungen zu zählen sein wird, wurde 1450 neu geregelt und den Maklern ein fester Lohn garantiert. Wahrscheinlich drückt diese Verordnung den Übergang des Makleramtes von einem Ehrenamt zu einem städtischen Amt mit Lohnzahlung aus. Weine, die von Utrechter Bürgern auf eigenes Risiko in Utrecht eingeführt waren [3], blieben von der Maklergebühr befreit. Auch diese Maßregel war zur Hebung des Eigenhandels erlassen worden, um dem Kölner Rheinweinhandel einigermaßen wirksam entgegentreten zu können. Aus demselben Grunde waren die Weine, die von Westen, d. h. Frankreich, kamen und die die Kaufleute aus Utrecht in Brügge oder Antwerpen gehandelt hatten, von Abgaben befreit. Auch zwischen Utrecht und den anderen süderseeischen Städten, z. B. zwischen Utrecht und Deventer [4], entwickelte sich der Weinhandel.

Der hansisch-holländische Handel war nur Durchfuhrhandel; den Eigenhandel besorgten die flandrischen Städte selbst. Die Bedeutung der flandrischen und holländischen Städte für den Weinhandel wird erst bei der Betrachtung des hansisch-preußischen Weinhandels recht in die Erscheinung treten.

3. Der hansisch-skandinavische Weinhandel.

Das dritte große hansische Weinhandelsgebiet umfaßt die skandinavischen Länder sowie das Gebiet des preußischen Ordens und reicht im Anschluß daran bis nach Polen und den baltischen Provinzen. Von

---

1) Hans. Urkundb., VIII, Nr. 290, § 1.
2) Hans. Urkundb., I, Nr. 254.
3) Hans. Urkundb., VIII, Nr. 84.
4) Hans. Urkundb., VIII, Nr. 186.

einem Weinhandel mit dem engeren Skandinavien kann man schlechterdings nicht reden; es ist mehr ein Weinschank, der sich an die Niederlassungen knüpft, die sich zum Heringsfang im südlichen Schonen, auf Skanör und Falsterbo herausgebildet hatten. Der Hering war der Mittelpunkt des gesamten hansisch-nordischen Handels [1]) und ihm verdankten die Schonenschen Niederlassungen, die heute halbvergessene Flecken sind, ihre einstige hohe Blüte [2]). Ein regelmäßiger Verkehr hansischer Kaufleute auf Schonen ist für die Wende des 12. und 13. Jahrhunderts anzusetzen [3]). Zurzeit des Heringsfanges entwickelte sich auf der Schonenschen Halbinsel ein reges Leben; was die absolute Zahl der zugereisten Kaufleute anbetrifft, so reichte sie wohl während der Marktzeit im Spätsommer und Herbst an den durchschnittlichen Verkehr in Nowgorod oder Brügge heran: so sollen beispielsweise 1463 in Falsterbo 20000 Personen anwesend gewesen sein [4]). Dieser Handelsverkehr dauerte in jedem Jahr nur wenige Wochen. Man unterschied Fischerei- und Handelsniederlassungen: jene die Läger, diese die Fitten [5]). Solche Fitten besaßen Lübeck, dessen Fitte die größte war, Stettin, Stralsund und Danzig bei Falsterbo; Rostock besaß 1352 eine eigene Fitte auf Skanör, die von großer Ausdehnung gewesen sein muß, da die Stadt sogar einen eigenen Kirchhof besaß; außerdem hatten Wismar, Bremen und Kampen gleichfalls Fitten auf Skanör [6]). Neben den Einpökelanstalten und Fischtrockenplätzen auf diesen Fitten entstanden bald Wirtschaften, in denen Händler Bier und Wein ausschenkten. Hierbei fand der hansische Weinhandel einen lohnenden Absatz. Nicht zum wenigsten mag dazu der Umstand beigetragen haben, daß Schonen auf dem Wege nach dem östlichen Ostseebecken gelegen war. Es war ein Ruheplatz für die hansischen Schiffer, die mit ihren Schiffen von Frankreich, Holland oder England nach den preußischen Häfen unterwegs waren. Hier war Gelegenheit, auf dem Wege des Zwischenhandels Waren zu veräußern, zu denen auch der Wein gehörte, und dafür Erzeugnisse der Fischerei oder der Rohproduktion ent-

1) Stieda, D. Schonenfahrergelag in Rostock in d. Hans. Geschichtsblättern 1890/91, S. 115.
2) Schäfer, Das Buch des lübeckischen Vogts auf Schonen, S. XIX (in d. Hans. Geschichtsquell. 1887, Bd. IV).
3) Stieda, D. Schonenfahrergelag in Rostock, a. a. O. S. 117.
4) Stieda a. a. O., S. 119.
5) Schäfer a. a. O., S. XCIX.
6) Hanserezesse, 1. Abt., I, Nr. 180.

weder nach Preußen oder auch zurück nach England oder Holland zu führen.

Auf den Fitten erwarben nun die hansischen Kaufleute Schankgerechtigkeiten für Wein und Bier, die abwechselnd von den verschiedenen Machthabern bestätigt wurden [1]); bis nach dem siegreich beendeten Krieg gegen Waldemar IV. von Dänemark 1370 den Hansen Skarnör, Falsterbo, Malmö und Helsingborg mit zwei Drittel der Zolleinkünfte auf 15 Jahre übergeben wurde.

Von einem Weinhandel mit Schonen kann man eigentlich nicht reden; die Hansen führten auf den Fitten den Wein ein und setzten ihn dort im Kleinverkauf ab. Mangels jeder Zollbücher und Einfuhraufzeichnungen oder Schiffsregistern ist über die Herkunft des Weines, sowie über die eingeführten Mengen nichts bekannt. Doch wird auch hier wieder der Rheinwein vorherrschend gewesen sein; 1503 werden einmal 10 Stübchen Rheinwein auf Schonen erwähnt [2]).

Für den Verkehr auf Schonen kommen ausschließlich wendische Städte in Betracht; unter ihnen ist aber die Vormachtsstellung Lübecks unverkennbar. Bis zum Kriege mit Waldemar IV. suchte jede Stadt sich einzeln durch Erwerbung von Privilegien eine wirtschaftliche Position zu erringen: Das erste Privileg fällt in die Jahre von 1203 bis 1209; in ihm wird den Lübeckern freier Handelsverkehr [3]) gewährt. Ein Ausschank von Wein oder Bier ist ihnen noch nicht gestattet, nur der Detailverkauf zur sofortigen Konsumtion. Den Besitzern von Fitten wird Zollfreiheit zugestanden, außerdem dürfen sie sich einen eigenen Vogt wählen, der aber dem vom dänischen König eingesetzten Vogt untergeben ist. Dieser hatte anfangs noch die Gerichtsbarkeit in Händen, später jedoch erwarben die Hansen das Recht, auf ihren Territorien die Gerichtsbarkeit durch ihre eigenen Vögte ausüben zu lassen.

Die nächsten Privilegien von 1251 und 1268 geben für das Schankwesen keine weiteren Anhaltspunkte. 1251 wird Wismar, 1276 Stralsund den Lübeckern gleichgestellt [4]). Stralsund erhält 1316 die Gerechtsame, auf seiner Fitte Wein auszuschenken, von Herzog Christoph II. bestätigt [5]); 1326 wird den Stralsundern der Weinaus-

---

1) Baumann, Die Handelsprivilegien Lübecks im 12. bis 14. Jahrhundert, S. 20, 21. 24.
2) Schäfer a. a. O., 28, § 242.
3) Baumann a. a. O., S. 17.
4) Baumann a. a. O., S. 26.
5) Hans. Urkundb. II, Nr. 294.

schank nach Stübchen gestattet, ebenso den Lübeckern. Die wesent-
lichsten Errungenschaften der Hansen in diesen Privilegien fallen in
das Gebiet der eigenen Rechtspflege. Rostock erhält für seine Fitte
diese Privilegien 1328. Sie gingen aber alle, mit Ausnahme derer
von Lübeck, in den Jahren der schwedischen Herrschaft bis 1360
wieder verloren. Erst nach dieser Zeit gelingt es den Hansen, das
Recht, eigene Schenken zu errichten und den Wein in Kannen, d. h.
in kleinen Quantitäten, abzugeben, zn erlangen [1]). Diese Bewegung begann schon 1352 mit dem Hinweis der Städte auf ihr altes Recht,
solche Schenken zu halten; die Städte forderten damals vier Schenken
für jede Fitte. Diese Forderungen fanden den Widerstand des
Königs, der seinerseits Klage über die Hinterziehung des Zapfgeldes
durch die hansischen Kaufleute erhob. Erst 1363 wurden die Forderungen der Kaufleute insofern erfüllt, als ihnen das Offenhalten von
Schenken auf jeder Fitte gestattet wurde [2]). Daran schloß sich im
nächsten Jahre die Erlaubnis, Zollbuden zu errichten und Zölle zu
erheben [3]); solche Zollbuden besaß Kampen, ferner die Kaufleute, die
mit Wein und Salz aus Frankreich oder England nach Schonen kamen.
Nach Ausbruch des Krieges gegen Waldemar IV. findet nach Erobe-
rung der ganzen Halbinsel im Jahre 1368 eine neue Verteilung und
Verleihung von Fitten statt [4]): Kampen, Amsterdam, Biel erhielten
Fitten zu Skanör; Kulm, Thorn, Elbing, Königsberg, Danzig, sowie
alle Städte, die dem Hochmeister von Preußen untertan waren, zu
Falsterbo. Auf diesen Fitten durften die Hansen eigene Krüge halten
und Wein verzapfen in beliebigen Maßeinheiten und so viel, wie sie
wollen [5]). Mit dem Jahre 1370 ist Schonen so gut wie hansisches
Territorium geworden.

Gleichzeitig wurde das Zollwesen geregelt; es basiert auf folgen-
den Grundsätzen: Alles ist zollfrei, was zwei Pferde ziehen können;
Wein, der von vier Pferden gezogen wird, zahlt eine halbe Mark
Schonisch [6]); ebenso werden für Fahrzeuge die Abgaben geregelt und
für die einzelnen Gegenstände des Handelsverkehrs ein detaillierter
Zolltarif aufgestellt.

1) Hanserezesse Abt. I, Nr. 176, § 7.
2) Hanserezesse I, 1. Abt., Nr. 306, § 11.
3) Hans. Urkundb. IV, Nr. 105.
4) Hanserezesse 1. Abt., I, Nr. 453.
5) Hans. Urkundb. IV, Nr, 251. § 7, § 15; IV, Nr. 271.
6) Baumann a. a. O., S. 25.

Mit dem Jahre 1370 hat der hansische Handel auf Schonen bei völliger Verkehrs- und Handelsfreiheit [1]) seinen Höhepunkt erreicht; in der Folgezeit läßt sich Genaueres über einen hansisch-schonenschen Weinhandel nicht beibringen. Im Jahre 1413 beschwert sich Köln einmal, daß seine Weinkaufleute in Schonen durch neue Verordnungen bedrückt werden [2]). Aus dieser vereinzelten Bemerkung ist nur die Tatsache zu ersehen, daß Köln auch weiterhin in Schonen ein Absatzgebiet für seinen Rheinwein gefunden hatte; letzteres aber wohl nur im Anschluß an seinen ziemlich bedeutenden Weinhandel mit Dänemark im 15. Jahrhundert.

Eine hansische Metropole von großer Bedeutung in Norwegen war die alte Stadt Bergen, die bei der Betrachtung des nordischen Weinhandels nicht übergangen werden kann. Leider ist auch hier das vorhandene Urkundenmaterial so dürftig, daß nur eine oberflächliche Vorstellung gewonnen werden kann, eine zusammenhängende Schilderung ist nicht durchführbar. Im ganzen unterlag der hansisch-norwegische Verkehr manchen Störungen und war von den Willkürlichkeiten der einzelnen Herrscher mehr als in anderen Ländern abhängig. Die ältesten Nachrichten berichten, daß König Sverrin von Norwegen (1177—1202) im Jahre 1186 [3]) alle hansischen Kaufleute wegen zu großer Weineinfuhr [4]) vertrieb. Allgemein scheint das Verbot, Spirituosen einzuführen, längere Zeit in Kraft geblieben zu sein, denn 1252 wird den Hansen die Einfuhr der für Norwegen brauchbaren Güter (bona commestibilia) erlaubt, während das Bier davon ausgeschlossen bleibt [5]). Bis zur Regierung Hakons IV. gelang es den Hansen allmählich in Bergen festen Fuß zu fassen; sie erlangten größere Freiheit im Verkauf ihrer Waren und wurden von einzelnen Verpflichtungen gegen die Stadt befreit. Auch wurde ihnen gestattet, an bestimmten Plätzen Erzeugnisse des Landes, wie Felle und Butter, in kleinen Mengen zu kaufen. Auch rechtlich erlangten sie einzelne Vorteile, die zur Ausübung ihrer Handelsgeschäfte von Nutzen waren. Diese Grundbestimmungen blieben, wenn auch öfters eingeschränkt, im wesentlichen bis zur Regierung Hakons V. bestehen. Von Wichtigkeit für den hansischen Handel im allgemeinen ist die unter

---

1) Hans. Urkundb. IV, Nr, 343.
2) Hans. Urkundb. V. Nr. 1104.
3) Bruns, Die Lübecker Bergenfahrer und ihre Chronistik, (Hans. Geschichtsquellen, neue Folge, Bd. II). S. 1,
4) Baumann a. a. O., S. 34.
5) Hanserezesse I, Nr. 177.

der Regierung Erich Priesterfeinds 1285 erlangte Handelsfreiheit mit
der Aufhebung der Beschränkungen beim Einkauf der Landeserzeug-
nisse. Der Zwischenhandel, an den die hansischen Kaufleute mit den
Einwohnern Bergens gebunden waren, fiel fort. Im Jahre 1299 kam
Hakon IV. zur Regierung; er war den Hansen feindlich gesinnt und
suchte sie wieder durch Beschränkung des Kleinhandels und hohe
Zölle zu bedrücken [1]). Erst unter seiner Regierung wird wieder von
einem hansisch-norwegischen Weinhandel berichtet: am 11. Juli 1302
erläßt er eine Bestimmung über den Weinhandel in Bergen, die folgende Hauptpunkte zum Inhalt hat [2]):

Jeder eingeführte Wein sollte auf dem Königshof angemeldet
werden, indem der importierende Händler um die Erlaubnis zur Ab-
ladung nachsucht. Von jedem Faß Wein, das ausgeladen wird, erhält
der König einen Zoll von 18 englischen Groschen. Bevor der Wein
verkauft wird, unterliegt er einer Prüfung des Lagermannes und des
Rates, die ihn auf seine Güte hin zu untersuchen haben und dann
erst seinen Verkauf auf den dazu bestimmten Plätzen erlauben dürfen.
Jeder Ratmann und jeder Lagermann erhält nun wieder von jedem
Faß Wein, das verkauft wird, 5 Stübchen. Übertretungen gegen diese
Verordnungen werden mit Konfiszierung des Weines bestraft. Aus
der ganzen Verordnung spricht einmal eine relativ gut durchgeführte
Organisation des städtischen Weinhandels in Bergen, andrerseits ist
eine gewisse Schärfe in der Behandlung der hansischen Kaufleute
unverkennbar.

Bei den großen Abgaben konnte sich der Weinhandel kaum
noch Gewinn bringend gestalten. Vielleicht hängt hiermit die Tatsache zusammen, daß die Urkunden nichts Näheres über hansischen
Weinhandel in Bergen enthalten. Neben der Behinderung des Handels
durch die obigen Abgaben mag auch noch der Umstand mitgespielt
haben, daß in der Ausfuhr nach Norwegen an Stelle des Weines das
Bier trat. Bier wurde nach der Bildung des deutschen Kontors, das
den wiederverliehenen Freiheiten durch Magnus Erichson seine Entstehung verdankte, in steigendem Maße von Lübeck nach Norwegen
verschifft. Diesem großen Export verdankte Lübeck seine hervorragende Stellung in der Produktion von Hopfen. Später erreichte
dieselbe eine solche Ausdehnung, daß die Erzeugnisse der heimischen
Produktion nicht mehr genügten und Hopfen aus Thüringen, der Mark

---

1) Baumann a. a. O., S. 40.
2) Hans. Urkundb. II, Nr. 19.

Brandenburg und slavischen Ländern bezogen werden mußte[1]). Der Hopfenhandel und die Verpachtung von Hopfengärten warf für die Stadt beträchtliche Einnahmen ab[2]). In zweiter Linie kommt neben der Produktion Lübecks das Bremer Bier in Betracht. Der Bierkonsum war in Skandinavien allgemein; auch in den Verpflegungsverzeichnissen in den Hanserezessen für die hansischen Besatzungen in Dänemark pflegen Abrechnungen über das konsumierte Bier und Neubestellungen in der Heimat nie zu fehlen, während Wein gar nicht oder äußerst selten erwähnt wird[3]). Endlich wurde Bier auch neben Getreide von den hansischen Kaufleuten zu Zahlungen an die norwegischen Fischlieferanten benutzt, ein nicht uninteressanter Beitrag zur Kennzeichnung der Naturalwirtschaft, die damals noch in hoher Blüte stand[4]).

Auch in der Ausfuhr von Wein scheint, soweit es sich aus dem nur spärlich vorliegenden Urkundenmaterial ersehen läßt, Lübeck einen besonderen Platz eingenommen zu haben. Der Wein kam aus dem Süden Deutschlands teils mit Benutzung von Flußläufen, teils zu Lande nach Lübeck und wurde von dort nach Norwegen verfrachtet. Eine Bestätigung für diesen Verkehr ist in einer Urkunde aus dem Jahre 1294 enthalten[5]), in der der Rat von Bergen anerkennt, zwei Lübecker Bürgern eine Restzahlung über zehn Faß Wein zu schulden. Neben Lübeck kommen noch Köln und Bremen in Betracht. Bei dem Verkehr Kölner Weinkaufleute über Schonen nach den Häfen der östlichen Ostsee war es natürlich, daß dieselben auch Norwegen in den Bereich ihres Handels einschlossen. Nach der vorhandenen Nachricht scheinen die Kölner den Weinhandel in relativ großem Maßstabe betrieben zu haben, es wird wenigstens berichtet, daß im Jahre 1398 Kölner Bürger durch Beraubungen in Norwegen einen Verlust von annähernd 200 Nobeln erlitten haben, eine Summe, der immerhin schon eine größere Quantität Wein entsprechen müßte.

Eine Bemerkung über den bremischen Weinhandel mit Bergen datiert allerdings aus sehr viel späterer Zeit; sie betrifft die Ausfuhrmenge

---

1) Stieda, Studien zur Gewerbegesch. Lübecks i. d. Mitteil. d. Vereins für lüb. Gesch. 1887, S. 5.
2) Stieda a. a. O., S. 10.
3) Hanserezesse, 1. Abt. I, Nr. 323, wird um Bier und Wein gebeten.
4) Baumann a. a. O., S. 15.
5) Hans. Urkundb. I, Nr. 1152.

von Südwein in den Jahren 1577 bis 1578, die im ganzen 166 Tonnen betrug[1]).

4. Der hansisch-preußische Weinhandel. Polen, Rußland.

Der Anteil der preußischen Städte an dem internationalen hansischen Weinhandel ist schon in Verbindung mit dem hansisch-englischen Verkehr gestreift worden. Einer Untersuchung vorbehalten bleibt der Weinhandel der Hansen mit Spanien und Portugal, der nahezu ganz in der Hand Danziger Bürger lag. Der Handelsverkehr der Ostsee, welcher Schweden, Dänemark und die pommerschen Städte, soweit sie nicht wie Stralsund Eigenhandel trieben, versorgte, hatte sein Zentrum in den preußischen Städten: von hier aus suchte er sich seinen Weg nach Polen und Rußland; Thorn und Danzig bezeichnen seine Ausgangspunkte. Die preußischen Städte hielten unter sich an einem Bund fest, der mit dem Jahre 1278 beginnend, sich 1368 zu dem fest gegründeten Städtebündnis der Städte Kulm, Thorn, Elbing, Danzig, Königsberg und Braunsberg herausgebildet hatte. Gleichzeitig mit dem beginnenden Zusammenschluß der Städte erschien der Deutschritterorden im Lande, der seine Hauptaufgabe in dem Schutz und der Verbreitung des Deutschtums in politischer und wirtschaftlicher Beziehung sah. Er schuf den preußischen Städten durch seine Eroberungen ein gesichertes Hinterland, kultivierte das Land, gründete Städte und gebot von seinen Hauptsitzen Marienburg und Königsberg über Kurland, Livland bis nach Estland. Anderseits wahrte er Polen und Littauen gegenüber mit starker Hand seine herrschende Stellung und bot den preußischen Kaufleuten eine Garantie für einen gesicherten Handelsverkehr.

In den preußischen Städten verschob sich bald die Vormachtstellung zugunsten Danzigs und Thorns, daneben auch Elbings. Während Kulm und Braunsberg immer unbedeutender wurden, entwickelte sich Königsberg nur langsam. Die preußischen Städte im Bunde mit den livländischen gingen jetzt darauf aus, wirtschaftlich vollkommen selbständig zu werden und ihre Abhängigkeit im Seehandel von den Hansen zu vermindern. Mit Umgehung von Lübeck traten sie in direkten Verkehr mit den westlichen Nichthansen, namentlich mit Engländern und Flamländern, Spaniern und Portugiesen. An die Spitze dieser Bewegung trat Danzig und ward dank seiner günstigen maritimen Lage im Laufe des 14. Jahrhunderts Vorort für den ganzen preußischen Seehandel, während Thorn den Überlandhandel nach

---

1) Baumann a. a. O., S. 16.

Polen und Rußland auf den zahlreichen Straßen, die in seinen Mauern einmündeten, übernahm.

Danzigs Aufschwung als Handels- und Seestadt begann in der letzten Hälfte des 14. Jahrhunderts nach der glücklichen Beendigung des dänischen Krieges und erreichte seine höchste Blüte in der zweiten Hälfte des folgenden Jahrhunderts. Glücklicherweise sind gerade für diese Epoche erschöpfende Belege für die große Ausdehnung des Danziger Handels in den Schiffahrtsregistern von 1474—1476 und 1490—1492 erhalten[1]), die ein anschauliches Bild über Ausdehnung und Richtung des Danziger Weinhandels geben und neben den speziellen Angaben für die obigen Jahre auch allgemeine Schlüsse zulassen. Danzigs Weinschiffe gingen bis nach Spanien und Portugal; im Jahre 1406 wurden dem Danziger Bürger Johann Halewater, der sich auf der Fahrt von Spanien nach Portugal befand, durch die Engländer vier Faß „vini puri" und zwei Faß Bordeauxwein im Werte von vierzig Nobeln geraubt[2]). Wahrscheinlich trieben preußische Schiffer auch einen Handel zwischen den Häfen Spaniens und Portugals und Bordeaux. Was unter vinum purum zu verstehen ist, ist nicht klar; vielleicht bedeutet „reiner" Wein soviel wie heißer Wein, und wäre darunter vielleicht ein spanischer Wein zu verstehen. Gewöhnlich fuhren die preußischen Schiffe, die nach Lissabon gingen, bis England gemeinsam; von dort suchten sie dann allein ihren Weg über Plymouth und die Insel d'Ouessant nach Lissabon. Auf diesem Wege hatten sie teils unter Beraubungen englischer und spanischer Piraten, teils unter der Ungunst des Meeres viel zu leiden. Da aber der Verkehr ohne Unterbrechung aufrecht erhalten wurde, ist anzunehmen, daß die Hansen ihre Rechnung dabei fanden.

Für die Weinausfuhr aus Spanien kam namentlich Galizien in Betracht. Eine größere Ladung galizischen Weines (zehn Tonnen) wird in einer Konossementsurkunde eines preußischen Schiffers aus dem Jahre 1375 erwähnt[3]), die er auf Rechnung eines lombardischen Händlers aus Spanien zu exportieren übernommen hatte; der Ort der Bestimmung wird nicht genannt. Einen ähnlichen Inhalt weist ein Frachtvertrag aus demselben Jahre auf, den ein preußischer Schiffer mit einem Kaufmann aus Galizien über den Transport von fünfzig

1) Lauffer, Danzigs Schiffs- und Warenverkehr am Ende des 15. Jahrhunderts, 1893.

2) Hanserezesse, 1. Abt., V, Nr. 439

3) Hans. Urkundb. IV, Nr. 490.

Faß Wein abgeschlossen hatte; in diesem Falle war die Ladung nach Sluys bestimmt[1]).

Granada gehörte ebenfalls zum Bereich des Danziger Weinhandels mit Spanien; im Jahre 1394 kam ein Schiff mit 26 Faß Wein und 1 Tonne aus Granada im Danziger Hafen an[2]); auch Weißwein aus Vivero wird einmal erwähnt[3]). Damit ist das Urkundenmaterial über Weinsendungen nach preußischen Häfen oder wenigstens durch Vermittlung preußischer Schiffer allerdings erschöpft. Daß die Transporte aber im Großen ausgeführt wurden, geht aus einer Nachricht hervor, nach der im Jahre 1398 14 hansische Schiffe, die unter anderem Wein geladen hatten, aus der Westsee kommend, von friesischen Räubern überfallen wurden; hierbei wird ausdrücklich von dem Gut gesagt, daß „man es von Spanien nach Frankreich zu bringen pflegte"[4]). Eine direkte Verbindung zwischen Lissabon und Flandern wird noch durch einen Überfall dokumentiert, den Engländer auf ein preußisches Schiff, dessen Eigentümer der Großschäffer von Marienburg war, machten und hierbei Wein und Salz im Werte von 1000 Nobeln raubten[5]).

Später gestaltete sich das Verhältnis der Hansen zu den Spaniern wegen der dauernden Räubereien sehr ungünstig. Dazu kam, daß von 1420 bis 1443 wegen des lange andauernden Kriegszustandes der Handelsverkehr nahezu lahmgelegt wurde. Auch nach Beendigung des Krieges blieb der Handelsverkehr der Hansen mit Spanien und Portugal nur gering; König Alfons V. von Portugal verlieh allerdings 72 Hansestädten im Jahre 1452 völlige Handelsfreiheit[6]), dafür ging Spanien um so feindlicher gegen den hansischen Handel vor. Es ward bestimmt, daß alle Waren nur auf spanischen Schiffen ausgeführt werden durften, und nur so viel blieb frei, als die Kaufleute aus dem Erlös für verkaufte überflüssige Schiffsbedürfnisse eingekauft hatten[7]). Dieses Vorgehen war gleichbedeutend mit einer völligen Unterdrückung des hansischen Handels; außerdem wurde den Hansen speziell für Wein die Rückfracht aus la Rochelle verboten. Diese Bestimmung mußte sie um so unangenehmer treffen, als man schon damals einen lebhaften Verschnitt mit spanischen und französischen Weinen trieb und den hansischen Kaufleuten der Handelsvorteil aus dieser Gewohnheit gewalt-

---

1) Hans. Urkundb. IV, Nr. 488.
2) Hans. Urkundb. V, Nr. 163.
3) Hans. Urkundb. IV, Nr. 490.
4) Hirsch, Danzigs Handelsgeschichte, S. 86.
5) Sattler, Handelsrechnungen des deutschen Ordens, S. 10, Z. 4.
6) Hans. Urkundb. VIII, Nr. 132.
7) Hirsch a. a. O., S. 89.

sam unterbunden wurde. Infolge dieser Maßregeln sank der hansisch-spanische Weinhandel zu völliger Bedeutungslosigkeit herab.

Ein ganz anderes Bild gibt die Betrachtung des Weinhandels der preußischen Städte mit Frankreich, speziell mit den Häfen der West-küste. Hier spielte eine hervorragende Rolle im hansischen Handel die Baie. Über ihre Lage und die Bedeutung war man lange Zeit im unklaren. Bekannt ward sie durch die sogenannten Baienfahrten der Hansen, die an dieser Stelle Salz in großen Mengen holten. Man geht wohl nicht fehl, wenn man die Baie als identisch mit der Bucht von Bourgneuf annimmt[1]). Neben der Salzausfuhr bildeten die Baie auch einen Zentralpunkt für den französischen Weinexport; von hier aus wurden Weine aus Poitou und Orleans, die beiden hauptsächlichsten Weinsorten, die damals im Verkehre waren, verschifft. Erschwerend für eine genaue Detaillierung des französisch-hansischen Weinhandels ist der Umstand, daß die Baie und allgemein die Häfen der Westküste Landestellen für die hansischen Kaufleute waren, die hier Zwischen-handel trieben. Es läßt sich daraus bei der Ungenauigkeit der meisten Angaben schwer feststellen, ob der Wein, dessen Herkunft die Baie sein soll, auch wirklich an diesem Platz verfrachtet ist oder nicht anderswoher, vielleicht schon aus Spanien, kommt. Einen zuverlässigen Anhaltspunkt für die Zahl der Schiffe, die im hansisch-französischen Handel engagiert waren, geben für die Blütezeit dieses Handels wieder die Danziger Schiffartsregister.

In Danzig wurden die Baienfahrer erst 1396 erwähnt[2]), aber schon 1383 hatte Karl VI von Frankreich allen Untertanen des Hoch-meisters den ungehinderten Verkehr in seinen Landen zugesichert[3]). Man kann ihnen unbeschadet ein viel höheres Alter zusprechen, da in Preußen 1390 bereits die verschiedensten spanischen und französischen Weine namentlich aufgeführt werden, die nur auf diesem Wege dort-hin gelangt sein können. Eine interessante Quelle für Angaben über die damals in Preußen gangbaren fremden Weine bieten die Rech-nungen über des Heinrich von Derbys Preußenfahrten, des nach-maligen Königs Heinrich VII von England[4]) aus den Jahren 1390

---

1) Hirsch a. a. O., S. 93. Vergl. neuerdings Arthur Agats, Der han-sische Baienhandel 1904, eine höchst lehrreiche Schrift, die freilich in ihren Einzel-heiten nicht mehr hat berücksichtigt werden können.

2) Hirsch a. a. O., S. 93.

3) Hanserezesse 1. Abt., III, Nr. 164.

4) H. Prutz, Rechnungen über H. v. Derbys Preußenfahrten 1390—91 und 1392, Leipzig 1893.

und 1392. Unter den Nachweisen über seine große und kostspielige Verproviantierung finden sich auch bemerkenswerte Angaben über die mitgeführten Weine. Es werden hier in dieser verhältnismäßig noch frühen Zeit speziell an französischen Weinen aufgezählt: Gascogner Wein und Wein aus Osey oder Auxois in Burgund; von diesen kostete das Faß 18 Mark und 22 Schillinge[1]). Von spanischen Weinen kommt Wein aus Granada vor, das Faß zu 6 1/2 Mark[2]), an einer anderen Stelle 22 Stübchen[3]); ferner Malvasier und Romanieweine[4]), sowie portugiesischer Wein aus Algarbe[5]). Namentlich die französischen Weine werden in großen Quantitäten angeführt, so daß hieraus mit Recht auf einen bereits hoch entwickelten Weinhandel zwischen Preußen und der französischen Westküste geschlossen werden kann.

Die Baienfahrten nahmen ihren Anfang im Hafen von Danzig, wo sich die Schiffe versammelten; unterwegs schlossen sich andere Hansen an. So wird von einer größeren Flotte berichtet, die 1379 von englischen Piraten aufgerieben wurde; diese setzte sich aus preußischen, lübischen und holländischen Schiffen zusammen[6]). Holländische und englische Seeräuber pflegten den Hansen, namentlich am Eingang des Kanals aufzulauern und sie ihrer Ladung zu berauben. Von solchen fortgenommenen Weintransporten wird aus den Jahren 1398[7]) und 1409 berichtet[8]); in letzterem Falle hatten Engländer ein preußisches Schiff, das 300 Faß Wein geladen hatte, festgehalten und mußten dafür eine Entschädigung von 334 Nobeln zahlen.

Wenn man nach der Baie gelangt war, trennten sich hier die Spanien- und Portugalfahrer; ihre Ladungen bestanden meistenteils aus Getreide und Naturalien aller Art. Im Jahre 1490 verläßt ein Schiff den Danziger Hafen mit 70 Last Roggen und 7 Last Asche[9]); als Rückfracht wurde neben Salz viel Wein verfrachtet. Von 1474 bis 1476 kamen allein aus der Baie 88 Schiffe in Danzig an[10]); durch diese Schiffe wurden importirt in Danzig 1474[11]): 5 Pipen Wein und 2 Pipen

---

1) Prutz a. a. O., S. 89, Zeile 15.
2) Prutz a. a. O., S. 89, Zeile 17.
3) Prutz a. a. O., S. 60, Zeile 32.
4) Prutz a. a. O., S. 189, § 20.
5) Prutz a. a. O., S. 189. § 1.
6) Hanserezesse 1, Abt., III, Nr. 122.
7) Hanserezesse 1. Abt., IV, Nr. 456.
8) Hans. Urkundb. V, Nr. 917, § 9.
9) Lauffer a. a. O., S. 34.
10) Lauffer a. a. O., S. 8.
11) Lauffer a. a. O., S. 22.

Wein aus Poitou; 1476:3 Pipen Wein und 10 Pipen Wein aus Poitou.
1474 werden auch 10 Ohm Rheinwein als von der Baie kommend
angeführt. Diese Angabe ist ein Beweis, daß allgemein in der Bezeichnung des Herkunftsortes sehr ungenau verfahren wurde; wahrscheinlich sind diese 10 Ohm Rheinwein in Flandern durch Zwischenhandel
zu der Ladung gekommen und wurden nun als Baiescher Wein bei
der Ankunft in Danzig gebucht. An Ort und Stelle kostete die Pipe
Orleanswein 24 Mark, von ihm wurden im Jahre 1438 2 Pipen in
Baie verfrachtet, im Jahre 1423 ein Faß Poitouwein zu $5\frac{1}{2}$ schweren
Nobeln[1]).

Ähnlich wie die Baie war ein anderer kleiner Salz- und Weinplatz
beschaffen: Borwasie an der Küste von Poitou; heute heißt der Ort
Brouage und liegt nördlich von Bordeaux[2]). Auch Borwasie spielte
im Danziger Handel eine große Rolle; von 1474 bis 1476 kamen
39 Schiffe an, die 1475 und 1476 je vier Pipen Poitouwein importierten[3]). Von Danzig nach Borwasie ausgehende Schiffe werden nicht
angeführt.

War die Baie offenbar mitunter irrtümlich als Verschiffungshafen
angegeben, so wissen wir um so sicherer, daß preußische Schiffe sowohl
in la Rochelle als in Bordeaux Wein luden. Ob sie denselben direkt
nach Preußen gebracht haben, ist zwar nicht belegt, aber doch wahrscheinlich. Wenn z. B. im Jahre 1436 dem Danziger Bürger Hans
Wegener 15 auf einem preußischen, aus la Rochelle kommenden Schiffe
befindliche Faß Wein „up de Trade" d. h. im Fahrwasser von Brest
von den Engländern gekapert wurden[4]), so kann man nicht wissen,
wohin der Wein bestimmt war: nach Preußen, Flandern oder England.
Fälle, in denen die Preußen französischen Wein nach den beiden
letztgenannten Ländern brachten, sind mehrfach nachgewiesen. Im
Jahre 1436 wurden kurz nacheinander aus preußischen Schiffen, die
nach Flandern verfrachtet waren, je 35, 21 und 10 Faß und eine
Pipe Wein, teils aus Bordeaux, teils aus la Rochelle, von den Engländern geraubt. Da jedes Faß in Flandern 5 Pfund vlämisch wert
war, und die Pipe mit 2 Pf. 10 Sch. angesetzt wurde, betrug der
Verlust, den der Danziger Kaufmann reklamierte, nicht weniger als
332 Pf. 10 Sch.[5]). Aus dem Jahre 1455 hören wir von 100 Faß

---

1) Hirsch a. a. O., S. 92.
2) Hirsch a. a. O., S. 94.
3) Lauffer a. a. O., S· 22.
4) Hans. Urkundb. VIII, Nr. 84, § 50.
5) Hans. Urkundb. VIII, Nr. 84, § 50.

Wein, die preußische Schiffskinder (so nannte man die Mannschaft)
wieder in la Rochelle nach Sandwich in England verladen und dafür
ihrem Patron 2 Nobel Fracht pro Faß zu zahlen hatten[1]). Im Jahre
1460 aber hatte Jörg Sterneberch aus Danzig in Bordeaux 250 Faß
Wein eingenommen, die er in London zu 4 Nobeln pro Faß abzusetzen
gedachte. Er kam indes nicht dazu, da die Engländer ihm den Wein
unterwegs bei Belle-Isle, einer Insel an der Südwestküste der Bre-
tagne, wegnahmen[2]).

Auch Romanie- und Malvasierwein wurde in la Rochelle geladen;
wahrscheinlich kam dieser aus Spanien und wurde unberechtigter Weise
in den Einfuhrverzeichnissen als Transport aus la Rochelle aufgeführt.

Ein beträchtlicher Teil des französischen Weines ging über Lübeck
nach Danzig, um die Fahrt um Skagen und durch den Sund zu vermeiden. Nach Lübeck gelangte der Wein auf dem Seeweg bis zur
Elbmündung und von da über Hamburg weiter bis zum Stecknitzkanal,
der ihn dann an die Trave brachte. Da der Kanal erst 1398 eröffnet
wurde, können Nachrichten über diesen Handelsweg erst vom Anfang
des 15. Jahrhunderts datieren. Von Lübeck gingen dann die Transporte, wenn sie den Kanal verlassen hatten, auf dem Seewege direkt
nach Danzig[3]). Der Landweg nach Danzig über die pommerschen
Städte kommt wegen der Mangelhaftigkeit der Straßen und der schweren
Transportierbarkeit des Gutes nicht in Betracht. Einen Transport
von deutschen oder ungarischen Weinen veranschaulicht eine Auf-
forderung des Danziger Rats an den Lübecker, er möge seinem Bürger
Johannes von Karpen, der auf der Fahrt die Elbe abwärts nach
Lübeck käme und nach Danzig weiter wolle, die Einkellerung seiner
Weine in Lübeck erlassen[4]). Der Stecknitzkanal und die ausgezeichnete
marine Lage setzten Lübeck natürlich in den Stand, einen ausgedehnten
Stapel für alle durchgehenden Waren zu halten. Über diesen Stapel,
den in dem obigen Schreiben der Danziger Rat als drückend empfand,
handelt ebenfalls eine Beschwerde von 1454[5]), in der Köln als Her-
kunftsort für Wein angegeben wird. In der Beschwerde gaben die
Kölner an, daß sie „ihre Weine ostwärts ausführen und in Lübeck

---

1) Hans. Urkundb. VIII, Nr. 890.

2) Hans. Urkundb. IX, Nr. 541, Abt. IX, Klagen der Danziger, § 12.

3) Der Stecknitzkanal kam auch für Weintransporte in Betracht, die elb-
abwärts, vielleicht aus den Gebieten der Meißener Landweine, nach Lübeck verfrachtet wurden.

4) Hans. Urkundb. VIII, Nr. 455.

5) Hans. Urkundb. VIII, Nr. 325.

nicht verkaufen wollten" Trotzdem sollten sie ihren Wein daselbst einkellern.

Außer mit Lübeck unterhielt Danzig neben den Städten des Elbe- und Travegebietes noch mit Lüneburg Handelsbeziehungen; Hauptprodukt bildete hier allerdings das Lüneburger Salz. Aber auch Wein kam von dorther nach Danzig[1]); Lüneburg bildete für den Weinverkehr zu Lande insofern einen Platz von Wichtigkeit, als hier die Fracht auf Schiffe geladen wurde und durch den Flußverkehr weiterbefördert wurde. Daneben unterhielt Lüneburg noch einen direkten Handelsverkehr mit Umgehung des Lübecker Stapels.

Der Handel Danzigs mit Lübeck stellte allen anderen bei weitem in den Schatten; von 1474 bis 1476 kamen im Danziger Hafen aus Lübeck nicht weniger als 451 Schiffe[2]), rund ein Drittel aller eingelaufenen Schiffe, oder 12—13 im Monat an. Diese brachten 69$^1/_2$ Stück Rheinwein und 1 Ohm, das Stück zu 3$^1/_2$ Ohm gerechnet, im ganzen 243 Ohm oder ungefähr 970 Liter. Von Poitouwein wurden 13 Pipen und von Romaniewein 3 Fässer im ganzen importiert.

Der Handel mit Rheinwein war in Danzig sehr bedeutend; in den Handelsrechnungen des deutschen Ordens wird er öfters erwähnt, bisweilen in ganz beträchtlichen Quantitäten. So kaufte 1399 der Großschäffer von Marienburg im Namen des Hochmeisters 6 Faß Rheinwein, die 34$^1/_2$ Ohm enthielten, zum Preise von 184 Mark[3]), außerdem 1 Faß roten Rheinwein für 15 Mark[4]). Obgleich roter Rheinwein äußerst selten erwähnt wird, ist der Preis doch um die Hälfte billiger für das Faß wie für weißen Rheinwein. Wahrscheinlich ist diese Billigkeit auf seine Unbeliebtheit zu schieben, da er den Vergleich mit den roten französischen Weinen kaum ausgehalten haben wird. Öfters kehrt Rheinwein auch als Schuldforderungen wieder: Der Bischof von Samland schuldet 1400 für eine Tonne Wein von 91$^1/_2$ Stof 4$^1/_2$ Mark und 4$^1/_2$ Schilling[5]); der Komtur von Osterode für 1 Fäßchen Rheinwein mit einem Inhalte von 1 Ohm weniger 7 Stof 6$^1/_2$ Mark und 2$^1/_2$ Schilling[6]). Nach Hirsch[7]) stellte sich der in Danzig gezahlte Preis für Romanie durchschnittlich auf 9 Mark das Ohm, für Gas-

---

1) Hirsch a. a. O., S. 194.
2) Lauffer a. a. O., S. 78.
3) Sattler a. a. O., S. 2, Z. 17.
4) Sattler, a. a. O., S. 2, Z. 32.
5) Sattler a. a. O., S. 124, Z. 26.
6) Sattler a. a. O., S. 288, Z. 31.
7) Hirsch a. a. O., S. 262.

cognerwein das Faß zu 7 Mark, für Malvasier das Ohm[1]) zu 10 Mark. Je nach ihrer Herkunft wurden die verschiedenen Weine in verschiedenen Maßen gehandelt. Die Verbreitung des Rheinweines wurde durch einen Weinausschank, den Kölner in Danzig unterhielten, unterstützt. Auch die Nachrichten, die über die lokale Organisation des Weinhandels erhalten sind, tragen Kölnisches Gepräge. Die Erlaubnis zum Verkauf knüpfte sich an eine vorherige Prüfung des Weines durch Beamte des Rates; diese stellten auch gleichzeitig den Preis fest. Nur der Zapf einer Sorte Wein war gestattet, Verwechslung des Weins, Zusammenschütten und Verfälschung mit schweren Strafen bedroht.

Der Weinauschank scheint jedem, der sich diesen Vorschriften unterwarf, freigestanden zu haben; über den Kölner Ausschank berichtet eine Beschwerdeschrift des Hochmeisters von 1399[2]) an den Rat von Köln; er verlangt in derselben den Weinverkauf in Fässern seitens der Kölner Bürger. Danach waren sie vom Kleinhandel scheinbar ausgeschlossen.

Neben Lübeck treten im preußisch-hansischen Rheinweinhandel namentlich die Städte der Niederlande, in zweiter Linie auch Englands hervor. Bei diesen Weinsendungen handelt es sich um den direkten Seeweg; der Wein ging von Köln rheinabwärts nach Flandern, Holland und von dort nach Preußen. Der letzte Hafen, von dem das Schiff ausgelaufen war, galt dann als Ursprungsland der Waren, die es geladen hatte. Allgemein hatten Flandern und Brabant für Preußen eine große handelspolitische Bedeutung; in Brügge war der Brennpunkt des ganzen westeuropäischen Handels, weshalb eine preußische Vertretung dort von Wichtigkeit war; ferner war Preußen und mit ihm das ganze Ostseegebiet auf die Produkte des flandrischen Gewerbefleißes, namentlich auf die flandrischen Tuche, angewiesen. Da die Preußen in Flandern und Brügge als Mitglieder der Hanse auftraten, so kann man sich auf eine spezialisierte Betrachtung des Danziger Handels mit den nördlichen Nederlanden beschränken, zumal da der Weinhandel mit den Städten Flanderns, es kommen eigentlich nur Brügge mit Sluys und Antwerpen in Betracht, äußerst gering war. Die Städte der nördlichen Niederlande treten in dieser Beziehung mehr hervor. Für den holländisch-preußischen Handel ist die Tatsache in Rechnung zu ziehen, daß in Danzig seit alters her zahlreiche Holländer

---

1) Das Ohm rechnete man zu 110 Stof, 1¹/₂ Ohm gingen auf 1 Oxthoft, 1 Tonne faßte 73¹/₃ Stof. Sattler a. a. O., S. XLIV, Hirsch, a. a. O. S. 261.
2) Hans. Urkundb. V, Nr. 373.

ansässig waren und dadurch der Handel zwischen beiden Gebieten sich bedeutend ausdehnen konnte.

Von Holland setzte der Rheinweinhandel, der von Köln aus in das ganze niederrheinische Wirtschaftsgebiet ausstrahlte, seinen Weg in die Ostsee meistenteils zu Schiff fort, da der Landübergang an der Weser und Elbe an der Ungunst der örtlichen Verhältnisse einen mächtigen Widerstand fand. Die starke Weineinfuhr aus holländischen Häfen nach der Ostsee erklärt sich zur Genüge aus dem Zusammentreffen der Weintransporte von Köln und der französischen aus la Rochelle und der Baie. Dieser Handel wurde noch um so mehr gefördert, als sich Utrecht, Geldern und Oberyssel von der Mitte des 14. Jahrhunderts bis zur Mitte des 15. Jahrhunderts als Mitglieder der deutschen Hanse betrachteten und durch Teilnahme und Verleihung von den Handel begünstigenden Privilegien in engerer Handelsverbindung mit den Städten der Ostsee blieben.

Für Weineinfuhr nach Preußen kommen von holländischen Städten in Betracht[1]): Amsterdam, Dordrecht, Terschelling, Enkhuizen am Zuidersee, Zierikzee auf Schowen im Mündungsgebiet des Rheins; allgemein die Grafschaft Holland, Kampen, Stavoren und Friesland. Von 1474—1476 wurden nach Danzig verschifft: 60 Pipen Poitouwein, von diesen kamen 51 aus Amsterdam, 4 aus Seeland, 3 aus Zierikzee und 2 aus Enkhuizen. Haupthandelsplatz für Wein ist Amsterdam, denn die Häfen am Zuidersee wurden nur von Schiffen, die nicht vom Rhein kamen, angelaufen, um sich zu verproviantieren; die Angaben über die von dorther kommenden kleinen Weinladungen sind daher ziemlich belanglos. Der Handel mit Poitouwein übertrifft den mit allen anderen Weinsorten bei weitem; schon der Rheinwein tritt hiergegen bedeutend zurück. An Romaniewein kommen 1476 acht Botten aus Amsterdam und eine Botte aus Dordrecht; an Malvasier $1/_2$ Botte aus Dordrecht; Kampen ist mit einer Einfuhr von 10 Stück Wein ohne nähere Angabe der Sorte vertreten. Allgemein ist aus den überaus verstreuten und teilweise auch ungenauen Angaben über die Weinarten ein ausgesprochener Handelsweg oder die Herausbildung bestimmter Plätze für die verschiedenen Sorten nicht zu bemerken; so gewaltige Handelszentren wie Brügge und Köln verwirrten die bis dahin regelmäßigen Handelswege, so daß eine Detaillierung unmöglich durchzuführen ist. Nur so viel steht fest, daß in den Niederlanden mit Unterstützung von Köln ein großer Weinmarkt für nahezu ganz Europa war.

---

1) **Lauffer** a. a. O., S. 20 ff.

Einen ähnlichen Mittelpunkt, nur in kleinerem Maßstabe, bildete Danzig für den Norden und Osten Europas. Bis hierher ging der Weinhandel direkt, um sich dann nach allen Richtungen zu verzweigen: zum Teil zurück, um die Städte der pommerschen Küste zu versorgen, zum Teil nach Norwegen und Schweden, endlich nach Riga und Reval und von dort nach Rußland. Für Polen kommt die Weichselschiffahrt und das feste Thorn als Stützpunkt des litauischen und polnischen Weinhandels in Betracht, der über diese Stadt einen nahezu reinen Landweg nach Rußland fand.

Der Landhandel von Lübeck nach Danzig ging der Ostseeküste entlang über Rostock, Stralsund, Greifswald, Stettin und Kolberg; er kommt für Wein nicht in Betracht. Nur Kolberg und Stettin sind im Verkehr mit Danzig Ausfuhrplätze für den im Mittelalter am ganzen Gestade der Ostsee und weit im Litauischen und im Polnischen verbreiteten Wein aus Guben, dem sogenannten Gobynischen Wein. Dieser Wein war in seiner Heimat außerordentlich beliebt, dazu sehr billig; unter den Rechnungen des deutschen Ordens finden sich 1406 6 Faß Gobynischer Wein mit nur 20 Mark angegeben[1]). Im Vergleich damit ist der Rheinwein ungefähr zehnmal so teuer. Der Gobynische Wein und namentlich die preußischen Landweine aus der Gegend um Thorn wurden vielfach nach Polen und Rußland exportiert: 1490 verließen 2 Faß Gubener Wein den Danziger Hafen, wahrscheinlich in der angegebenen Richtung[2]). Gubener Wein wurde im Jahre 1475 in Danzig importiert aus Stettin: 50 Fuder, aus Kolberg 1474: 3 Fuder; außerdem aus Stettin 1474 und 1475 zusammen 71 Fuder und 2 Faß Wein ohne Angabe der Sorte[3]). Auch nach Königsberg erstreckte sich der Stettiner Handel; wir hören im Jahre 1456 von der Strandung eines Schiffes, das von Stettin kam, nach Königsberg bestimmt war und 24$\frac{1}{2}$ Fuder Wein geladen hatte[4]). Diese bedeutenden Quantitäten lassen auf einen sehr regen Handel mit diesem Wein schließen.

Der Weinhandel von Danzig nach Schweden, Norwegen und Dänemark war sehr gering, da einmal das Bier hier bevorzugt wurde und dann die Bevölkerung zu arm war, um sich ein Luxusprodukt, wie Wein es war, zu kaufen. Die Schiffahrtsregister geben über eine Ausfuhr von Wein nach Skandinavien, ebenso wie nach Finnland, das damals mit Schweden verbunden war, keinen Ausweis. Nach Hirsch

---

1) Sattler a. a. O., S. 32, Z. 1.
2) Lauffer a. a. O., S. 38.
3) Lauffer a. a. O., S. 14.
4) Hans. Urkundb. VIII, Nr. 518.

soll Danzig nach Skandinavien namentlich Poitou- und Romaniewein exportiert haben; Quellenangaben fehlen allerdings hierüber. Außerdem ist auch nur anzunehmen, daß Danziger Schiffe direkt vom Ursprungsland den Wein nach Skandinavien gebracht haben. Nach Dänemark war der Danziger Schiffsverkehr überhaupt gering; Wein findet sich nicht unter den Waren. Er wird nur in den Schadensverzeichnissen aufgeführt, welche die Dänen als Seeräuber veranlaßten. Natürlich war der Wein, von dem wir auf diese Weise Kenntnis erhalten, bei weitem nicht immer für Dänemark bestimmt, sondern befand sich meistens auf dem Wege nach Osten. Beispielshalber sei ein Schadenverzeichnis von 1462 angeführt[1]), das auch für die Mannigfaltigkeit der Sorten im damaligen Weinhandel lehrreich ist: es wurden als verloren angegeben: $5^1/_2$ Pipen Wein, Eigentum zweier Danziger Schiffer; ferner 2 Pipen Gascogner Wein, 2 Fässer Bastert, 6 Fässer Malvasier und $2^1/_2$ Fässer griechischer Wein; ein anderer Danziger Bürger büßte Wein im Werte von 100 Kronen ein; der Wert des Malvasiers belief sich insgesamt auf 240 Mark. Die Danziger erwiderten diese Beraubungen ihrerseits mit Repressalien[2]); sie nahmen im Jahre 1458 ein Schiff weg, das von Kopenhagen nach Reval unterwegs war und unter seiner Ladung 4 Pipen Wein hatte.

Von großer Wichtigkeit war Danzig für den hansisch-russischen Handel, soweit er sich auf die heutigen russischen Ostseeprovinzen erstreckt. Es kommen hier namentlich Reval und Riga in Betracht; von diesen Städten aus wurden dann die Waren auf den russischen Markt gebracht. Das Hinterland zu Reval und Riga bildete Nowgorod, ein uralter Freistaat, der seit alters her die Rohprodukte des inneren Rußland mit Benutzung des Wolchow, des Ladogasees und der Newa nach Wisby brachte. Mit der Verbreitung hansischen Handels in Livland und Estland rissen die Hansen diesen Handel, der bis dahin von den Russen besorgt war, ebenfalls ganz an sich. Seit dieser Zeit beginnt die hansische Epoche in Nowgorod.

Die Weinausfuhr nach Livland und Estland wurde außer von Danzig, auch von Lübeck betrieben. Schon frühzeitig bestand eine direkte Verbindung zwischen Lübeck und Riga, an der auch die Weintransporte beteiligt waren. Später bildeten sich in Lübeck Handelskompanien für den Handelsverkehr nach dem Osten heraus, von denen die der Rigafahrer, scheinbar die älteste, eine große Bedeutung er-

---

1) Hans. Urkundb. VIII, Nr. 1160.
2) Hans. Urkundb. VIII, Nr. 989, § 6.

langte [1]). Der Hauptanteil Lübecks am rigaischen Weinhandel fällt in nachhansische Zeit; eine rigaische Zollrolle [2]) vom Ende des 17. Jahrhunderts führt alle bekannten mittelalterlichen Weinsorten an: Rheinwein, Poitouwein, Malvasier, Bastart und Romanie. Über die direkten Handelsbeziehungen Lübecks mit Reval liegen bessere Belege in Zollbüchern und Zollquittungen vor [3]), die den Zeitraum von 1373—1384 umfassen und für den Weinhandel zwischen Lübeck und Reval einige Schlüsse zulassen. Der Revaler Export und Import war an sich sehr bedeutend und belief sich in dem angegebenen Zeitraum auf einen durchschnittlichen jährlichen Umsatz von einer Million Mark in unserem Gelde; doch war er hierbei erheblichen Schwankungen ausgesetzt: 1379 erhob er sich auf 2 160 404 Mark, während er 1381 auf 745 237 Mark sank [4]). Bei der sichtlich unvollständigen Angabe des Schiffsverkehrs — er schwankt zwischen 8 Schiffen im Jahre 1379 und 47 Schiffen im Jahre 1384 [5]) — läßt sich Genaueres über die Weineinfuhr, von einzelnen Notizen abgesehen, nicht sagen. Ein direkter Handel zwischen Lübeck und Reval ist aus dem Jahre 1454 nachweisbar [6]); unter der Ladung eines lübischen Schiffers, die nach Reval bestimmt war, befanden sich 7 Stück roten Meßweines und 1 Bota Romanie; 1387 lief in Reval ein Schiff eines Kölner Bürgers ein [7]), das 54 Stück Wein im Werte von 4400 Rheinischen Gulden geladen hatte.

Mit diesen dürftigen Notizen wären die sicheren Angaben über einen lübischen Handel oder überhaupt eines Handels von Westen her erschöpft.

Besseren Anhaltspunkt für den Weinhandel mit Livland und Estland gibt Danzig durch seine Schiffstabellen. Die Zahl der aus Reval in Danzig angekommenen Schiffe betrug in den Jahren 1474—1476 [8]) insgesamt 31; die aus Riga 13. Bedeutend für den Weinhandel war außerdem Abö in Finnland, das nicht weniger als 56 Schiffe in der angegebenen Zeit nach Danzig sandte; sie brachten ausschließlich Naturprodukte wie Felle, Fische und Tran. Die Zahl der Schiffe, die von 1490—1492 Danzig verließen, war beträchtlich geringer; nach Abö

---

1) Siewert, Die Rigafahrer in Lübeck, S. 38.

2) Siewert, a. a. O., S. 188.

3) Stieda, Revaler Zollbücher u. Quittungen i. d. Hans. Geschichtsquell., Bd. V.

4) Stieda a. a. O., S. 56.

5) Stieda a. a. O. S. 96.

6) Hans. Urkundb. VIII, 359.

7) Stieda a. a. O., S. 90.

8) Lauffer a. a. O., S. 7.

immerhin noch 11, nach Reval 3 und nach Riga nur 2. Auf diesen Schiffen wurden ausschließlich rote Weine verfrachtet[1]): nach Reval 3 Pipen Poitouwein, 2 Pipen Bastart, 2 Pipen Romanie, $^1/_2$ Faß Malvasier; nach Riga 1 Faß Malvasier, nach Abö 4 Stück Poitouwein. Diese Weine wurden dann von Riga und Reval aus durch Kaufleute, die mit Danziger Firmen in Verbindung standen, nach Rußland weiter vertrieben; das beweist der Umstand, daß in den Beschwerden der Russen über Weinverfälschungen nur von französischen und anderen „heißen" Weinen die Rede ist, die nach den obigen baltischen Häfen exportiert wurden.

Von Riga aus stand dem Handel durch den Wasserlauf der Düna das ganze diesen Fluß umgrenzende Gebiet offen mit seinen damals wichtigen Handelsplätzen Dünaburg, Polozk und Witebsk.

Im Anschluß an das Aufblühen der baltischen Städte hatte sich Nowgorod ebenfalls als Handelsplatz ersten Ranges entwickelt; schon 1191 ist ein Verkehr Nowgorods mit deutschen Kaufleuten nachweisbar[2]). Aus dem Jahre 1269 datiert das große Privileg, das den Handel zwischen Russen und Deutschen im einzelnen regelt. Auf dem dortigen Peterhof fand der Austausch zwischen den Erzeugnissen des ganzen russischen Reiches, unter denen das Pelzwerk die bedeutendste Rolle spielte, mit den Erzeugnissen der westlichen Industrie und des westlichen Gewerbefleißes statt.

Auch der Wein hielt bald nach Gründung des hansischen Kontors seinen Einzug. Immerhin muß er im Handel sehr zurückgetreten sein; denn genaue Angaben lassen sich aus Mangel an urkundlichen Nachrichten nicht machen. Es ist aus den gelegentlichen Beschwerdeschriften der Russen nur einiges über die Ausdehnung des Handels und die Arten des Weines zu entnehmen. Eine solche Beschwerdeschrift[3]) ist aus dem Jahre 1337 erhalten, in der der deutsche Kaufmann in Nowgorod über Weinpanscherei der Russen Klage führt; es handelt sich wahrscheinlich um den Verkauf von Gewürzweinen an Stelle von reinem Wein; das an dieser Stelle gebrauchte Wort „cryderewine" kann kaum eine andere Bedeutung haben. Um solche Weinverfälschungen handelt es sich auch in der Zusammenkunft der livländischen Städte in Dorpat im Jahre 1402, die veranstaltet wurde, um eine Beschwerde bei der Versammlung der gemeinen Städte in Lübeck vorzubereiten, weil sich die russischen Kaufleute aus Nowgorod

---

1) Lauffer a. a. O., S. 31.
2) Baumann a. a. O., S. 45.
3) Hans. Urkundb. II, Nr. 599.

und Pskow bei ihnen über die Verfälschung der süßen Weine und die Kleinheit der Gefäße beklagt hatten[1]). Hier erscheinen auch die süßen Weine wieder, die beinahe· ausschließlich von Danzig aus nach Livland und Estland exportiert wurden und von dort ihren Weg nach den Handelsplätzen Rußlands fanden. Im Jahre 1406 erließ der deutsche Kaufmann in Brügge als Antwort auf eine gleiche Klage ein Gebot, den Wein nicht mehr zu verfälschen und Gefäße von richtiger Größe zu benutzen. Interessant ist dabei die Tatsache, daß in diesem Falle die livländischen Kaufleute in Brügge selbst erschienen waren, um ihre Klagen zu vertreten[2]). Demnach mußte der Handel von großer Bedeutung sein, wenn sich eine so weite Reise verlohnte.

Es erübrigt noch, die Flußverbindungen zu betrachten, mit Hilfe deren bisweilen Wein nach Polen, Litauen und weiter nach Ungarn verfrachtet wurde. Auch hier sind die fragmentarischen Nachrichten nicht imstande, eine erschöpfende Darstellung zu geben.

Für den Weg nach Polen stand die Benutzung von zwei Flußläufen offen, der Weichsel und der Warthe. Die Weichsel wurde ohne Zweifel viel benutzt im Verkehr zwischen Danzig und den landeinwärts gelegenen Städten des deutschen Ordens, unter denen Thorn den ersten Platz einnahm. Thorn selbst baute viel Wein und ist als der Ursprungsort für den preußischen Landwein zu betrachten; große Weingärten umgaben die Stadt und schon frühzeitig war der Weinzapf in der Stadt wohl organisiert. Ohne Zweifel hat ein direkter Weinverkehr zwischen Thorn und Danzig bestanden, er ist aber urkundlich nicht nachweisbar; für die Verbreitung des thornschen Weines spricht die Tatsache, daß der Kommandant der hansischen Besatzung in Stockholm Herman van der Halle, im Jahre 1395 zwei Lasten thornschen Weines und später noch drei Lasten bestellt[3]); auch preußischer Landwein wird einmal genannt. Da Thorn durch direkte Handelsstraßen mit Guben und auch mit Breslau verbunden war[4]), so könnten auch gubenscher Wein und die schlesischen Landweine mit Benutzung dieser Wege nach der Ostsee gebracht worden sein. Einen Weintransport auf der Weichsel beweist eine Urkunde von 1459[5]); nach dieser ist ein Danziger Schiffer mit seinen Schiffen, die einige Fuder Wein geladen hatten, bei Wollin gestrandet.

1) Hans. Urkundb. V, Nr. 516.
2) Hans. Urkundb. V, Nr. 722.
3) Hanserezesse 1. Abt., IV, Nr. 292.
4) Oesterreich, Die Handelswege Thorns im Mittelalter, S. 11.
5) Hans. Urkundb. VIII, Nr. 800.

Der zweite Weg nach Polen folgte dem Laufe der Warthe. Im Jahre 1390 verleiht König Wladislaw von Polen den Kaufleuten aus Lübeck, Hamburg, Wismar, Rostock, Frankfurt a. O., Landsberg ein Verkehrsprivileg für sein Land [1]); gleichzeitig hatte er eine Handelsstraße mit Benutzung der Warthe nach Krakau anlegen lassen. Auf dieser wurden von 1 Faß Wein, Malwasier, Granate „oder anderen starken Weinen" 6 Heller polnisch Zoll erhoben. Bemerkenswert ist wieder die Anführung nur „starker" Weine, die die Vorliebe der östlichen Handelsgebiete für diese Weinsorten beweist. Im Jahre 1390 scheint eine allgemeine Regelung des hansisch-polnischen Verkehrs stattgefunden zu haben, der nach dem Stralsunder Frieden 1370, namentlich in den östlichen Teilen der Ostsee, an Festigkeit zugenommen hatte. Russische und polnische Kaufleute zogen mit ihren Waren nach Westen, so daß die Städte Pommerns sich genötigt sahen, diesem wachsenden Handel mit Zollbeschränkungen zu begegnen. Die polnischen Kaufleute brachten die Erzeugnisse ihres Landes, Naturalien, Felle, Pelze, in die pommerschen Häfen, namentlich Stralsund, und tauschten dagegen Industrieprodukte und Kolonialwaren ein, unter letzteren befanden sich auch in großen Mengen „starke Weine". Es ist anzunehmen, daß diese Weine auf dem Wasserwege durch preußische Schiffer, z. B. nach Stralsund, gebracht wurden; wenigstens stellt Stralsund 1390 [2]) einen Zolltarif für „Wein aus Granada, Malvasierwein und andere starke Weine, die aufwärts geführt werden", auf, und zwar für die Kaufleute aus Polen, Ungarn, Litauen und Ruthenien; sie hatten von jedem Faß 6 Pfennige Zoll zu entrichten. Unter „aufwärtsführen" kann nur die Fahrt durch das kleine und große Haff, die Oder aufwärts, verstanden werden; sie gelangten dann in die Warthe und von hier aus auf die Handelsstraße nach Krakau. Ebenfalls im Jahre 1390 [3]) wurden die Kaufleute aus Krakau, Polen usw. vom Herzog Bogislaw IV von Pommern von Abgaben in seinem Lande befreit; sie hatten nur in den pommerschen Städten einen Weinzoll von 2 Schillingen für das Faß zu entrichten: Granada- und Malwasierwein „edder welkerhande wyn yd zi".

----

1) Hans. Urkundb. IV, Nr. 1034.
2) Hans. Urkundb. IV, Nr. 1018, § 8.
3) Hans. Urkundb. IV. Nr. 1017, § 3.

Kapitel IV.

Der Weinhandel in seinen Produktionsgebieten.

1. In den hansischen Produktionsgebieten: Köln, die Zentrale des westeuropäischen Weinhandels.

In dem Aktiv- und Zwischenhandel der hansischen Kaufleute mit außerdeutschen Gebieten, mit England und den Niederlanden einerseits, und Frankreich andererseits, spielte Köln eine führende Rolle. Köln war diejenige Stadt, wo sich Handel und Produktion die Hand reichten; in seinem Hinterlande blühte seit alters her der Weinbau. Vom Oberrhein brachten die Weinbauern ihre Erzeugnisse auf den Kölner Markt, um sie entweder an die einheimischen Weinhandelsgesellschaften oder gleich an die fremden Kaufleute, die ihnen rheinaufwärts, aus den Niederlanden, entgegenkamen, umzusetzen[1]).

Die Vorbedingung für diese mächtige Entwicklung des Kölner Weinhandels war einmal die bevorzugte Lage der Stadt, andererseits der ausgedehnte Stapel. Auf letzteren gründete sich vornehmlich die wirtschaftliche Machtentfaltung der rheinischen Metropole. Dieses Stapelrecht war im mittelalterlichen Handelsverkehr das wirksamste Mittel, den Handel an wichtigen Plätzen festzuhalten und zu konzentrieren; da Köln nun durch die Menge seiner Bewohner, wie durch den Schutz seiner starken Mauern den reisenden Kaufleuten nach langer Fahrt einen bequemen Ruhepunkt mit gleichzeitiger Aussicht auf lohnende Geschäfte bot, so waren die Vorbedingungen für eine Gewinn bringende Ausübung des Stapelrechtes gegeben.

Schon um die Mitte des 12. Jahrhunderts machten die Kölner dieses Recht bei sämtlichen den Rhein heraufkommenden Schiffen geltend[2]); im Laufe der Zeit wurde dieses Recht wesentlich erweitert. Man beschränkte sich aber nur auf das Einlagerecht, d. h., die fremden Kaufleute waren verpflichtet, ihre Waren eine bestimmte Zeit lang, meistens 3 Tage, in der Stadt feilzuhalten[3]). Daneben wurde

---

1) Wir sind bei der folgenden Darstellung auf die Benutzung der gedruckten Quellen beschränkt geblieben. Ein an das Kölner Stadtarchiv gerichtetes Gesuch zur Benutzung wurde im Hinblick darauf, daß dasselbe Thema bereits von anderer Seite in Angriff genommen sei, abschlägig beschieden.

2) Ennen, Geschichte Kölns, Bd. I, S. 494.

3) Ennen a. a. O., Bd. II, S. 547.

auch das Kranrecht gehandhabt, d. h., die vorbei- oder eingeführten Waren konnten zur Kontrolle des Zolles abgeladen und noch einmal auf Wert und Gewicht geprüft werden. Die Stapellinie erstreckte sich längs der Stadt von Rodenkirchen bis Riel[1]), innerhalb dieser Begrenzung mußten alle Schiffe ihrer Stapelpflicht genügen. Alle Güter, die zu Lande in die Stadt gebracht wurden, durften unterwegs keinen Aufenthalt nehmen, sondern mußten ohne Verzug und ohne unterwegs feilgeboten zu sein, dem Kölner Stapel zugeführt werden.

Hauptgegenstand des Kölner Erwerbslebens bildete der Wein, der im Engros- und Endetailhandel Gegenstand einer ausgebildeten Organisation[2]) war. In der Tat zeigt diese eine Vollendung, die als mustergültig für den ganzen Weinverschleiß einer mittelalterlichen Stadt angesehen werden kann. Schon frühzeitig hatte der Rat die Organisation des Weinhandels selbst in die Hand genommen und leitete den gesamten Handel mehr wie in anderen Städten nach seinen Ermessen. Die oberste Aufsichtsbehörde bildete die Kommission der Rheinmeister, die, vier an der Zahl, vom Rate eingesetzt wurde. Anfangs waren es nur drei, nach 1370 aber vier, und zwar zwei vom engen und zwei vom weiteren Rate[3]). Ihre Aufgaben und Pflichten waren mannigfaltiger Art.

Im Jahre 1355 hatte die Richerzeche die Erteilung der Weinbruderschaft verloren; an ihre Stelle waren hauptsächlich die Rheinmeister getreten. Richerzeche und Weinbruderschaft sind für den Kölner Weinhandel typische Einrichtungen und bedürfen zum besseren Verständnis für die gesamte Organisation einer näheren Würdigung. Die Richerzeche war die Grundlage der städtischen Verwaltung, die Weinbruderschaft die des städtischen Handels; während erstere durch die Institution der Rheinmeister abgelöst wurde, blieb letztere noch lange bestehen. Früher war die allgemeine Annahme die, daß die Richerzeche aus der alten Gilde entstanden sei[4]). Über die näheren Umstände ihrer Entstehung gehen die Meinungen noch heute auseinander. Im Gegensatz zur Gilde war die Richerzeche rein aristokratisch. Ihr Name heißt soviel wie Bruderschaft der Reichen[5]), wo „reich" die Bedeutung von „mächtig" hat. Nach einer anderen Auffassung allerdings hat man in der Bezeichnung einen Spitznamen zu sehen[6]). Die Zahl

---

1) Ennen a. a. O., Bd. II, S. 546.
2) Ennen a. a. O., Bd. II, S. 585.
3) Lau, Die Entwicklung der kommunalen Verfassung und Verwaltung der Stadt Köln bis 1396, S. 296, Anmerk.
4) Kruse, die Kölner Richerzeche, S. 158.
5) Ennen a. a. O., Bd. II, S. 590.
6) Kruse a. a. O., S. 168.

ihrer Mitglieder war beschränkt und in zwei verschiedene Klassen gruppiert. Die erste Klasse bestand aus den gewesenen Bürgermeistern, die zweite Klasse aus Bürgern, die das Bürgermeisteramt inne hatten oder zu erlangen suchten. Zu den Rechten der Richerzeche gehörte die Wahl des Bürgermeisters und die Verleihung des Zunftzwanges oder „die Lehnung der Bruderschaft"[1]). Sie setzte ferner den Bruderschaften Obermeister ein, die die Statuten der Bruderschaft genehmigen und ihre richtige Ausführung überwachen mußten. Endlich konnte sie gegebenenfalls für die einzelnen Bruderschaften spezielle Gewerbevorschriften erlassen[2]). Neuerdings sieht man in der Weinbruderschaft einen Nachfolger der alten Gilde[3]). Die Gilde war eine allgemeine Genossenschaft; in einem Mitgliederverzeichnis aus der Mitte des 12. Jahrhunderts[4]) finden sich alle Gewerbearten vereinigt, die Zahl der Mitglieder ist scheinbar unbeschränkt. Die letzten Punkte trennen Gilde und Richerzeche scharf voneinander, so daß die Ablehnung der Entstehung der Richerzeche aus der Gilde gerechtfertigt erscheint.

Wie verhielt sich nun die Weinbruderschaft zu der alten Gilde? Die Weinbruderschaft erscheint um die Mitte des 14. Jahrhunderts; ein Mitgliederverzeichnis aller zu ihr qualifizierten Bürger beginnt erst mit dem Jahre 1356. Zum Unterschied von den anderen Bruderschaften, fehlte der Weinbruderschaft jede Organisation. In ihr stellt sich lediglich eine Vereinigung aller Bürger dar, die in Köln Weinzapf betrieben[5]). Dieses Weinzapfrecht stand ihnen neben dem Bürgerrecht zu[6]). Die Annahme, daß die Weinbruderschaft die Nachfolgerin der alten großen Kaufmannsgilde ist, rechtfertigt die Ähnlichkeit der beiden oben erwähnten Mitgliederverzeichnisse; beide enthalten die Namen von Mitgliedern aller Stände, wobei das Bürgertum natürlich überwiegt; bei beiden ist scheinbar die Mitgliederzahl unbegrenzt. Einen Unterschied sieht Kruse darin[7]), daß der Weinbruderschaft die Organisation fehlt und eine unbegrenzte Teilnehmerzahl offensteht, während die Gilde eine fest geschlossene Organisation war, ihr mußte

---

1) Kruse a. a. O., S. 172.
2) Kruse a. a. O., S. 179.
3) Kruse a. a. O., S. 163; Lau a. a. O., S. 244 ff.
4) Ennen, Quellen zur Kölner Gesch., Bd. I, S. 148.
5) Lau a. a. O., S. 226.
6) Stein, Akten zur Geschichte der Verfassung und Verwaltung der Stadt Köln, Bd. II, S. 66, § 6; Ennen, Gesch. Bd. II, S. 600.
7) Kruse a. a. O., S. 166.

jeder angehören, der in Köln kaufmännisch tätig sein wollte. Lau[1]) will für Köln diese Bestimmungen nicht so scharf ausgesprochen wissen; er hält Weinbruderschaft und Gilde vielleicht für identisch. Die Schuld an dem Mangel einer reinlichen Scheidung zwischen Richerzeche, Gilde und Weinbruderschaft ist hauptsächlich in dem unzuverlässigen und wenig einheitlichen Material zu suchen, weswegen die Forschung über diese ältesten Kölner Genossenschaften noch nicht als abgeschlossen zu betrachten ist. Die Entstehung der Weinbruderschaft aus der Gilde läßt sich allenfalls aus der Tatsache herleiten, daß im 12. und 13. Jahrhundert die einzelnen Gewerbe zu Genossenschaften mit Zunftzwang zusammentraten; die Teilnehmer fühlten sich durch diese Organisation vollständig befriedigt und hielten den Erwerb der Gildengemeinschaft für unnötig. Aufnahme in die Weinbruderschaft konnte nur der Inhaber des Bürgerrechts finden. Dienstboten waren ausgeschlossen, wenn sie nicht 3 Jahre lang hintereinander auf eigene Kost gesessen hatten. Ebenso war den Kistensitzern und Weinknappen, den Gehilfen des Zapfers, der Eintritt verboten[2]). Beim Tode eines Mitgliedes ging der Weinzapf auf seine Witwe über, bei einer etwaigen Wiederverheiratung ging sie aber dieses Rechtes verlustig[3]).

Später erlitt das Recht, die Weinbruderschaft zu erwerben, mancherlei Einschränkung. Im Jahre 1372 wurde es sogar auf die Dauer von zehn Jahren ganz aufgehoben, um den Neueintritt von Mitgliedern zu unterbinden[4]). Ein anderer Erlaß aus demselben Jahre macht den Eintritt in die Bruderschaft von dem Besitz eines Pferdes abhängig[5]). Wer sich ein Pferd nicht halten wollte oder konnte, ging der Weinbruderschaft auf zehn Jahre verlustig[6]). Dadurch war unbemittelten Bürgern der Eintritt und somit der Weinzapf unmöglich gemacht. Diese äußerst scharfen und teilweise ungerechten Verordnungen der Geschlechterherrschaft blieben lange bestehen und trugen später zu ihrem Sturze nicht unwesentlich bei. Das Recht, die Weinbrüderschaft zu verleihen, war 1355 von der Richerzeche auf den Rat übergegangen. Die Richerzeche empfing nur noch $1/_3$ von den Eintrittsgebühren, der Rat die

1) Lau a. a. O. S. 228.
2) Stein a. a. O., Bd. I, S. 71.
3) Ennen, Quellen, Bd. I, S. 155.
4) Stein a. a. O., Bd. I, S. 89, § 13.
5) Stein a. a. O., Bd. I, S. 108, § 3.
6) Stein a. a. O., Bd. I, S. 108, § 7.

anderen $^2/_3$[1]). Es blieb ihr nur noch das Recht, bei der Zulassung zur Weinbruderschaft mitzustimmen.

Die Eintreibung der Eintrittsgebühren stand den Rheinmeistern zu. Sie waren im Besitz ihrer Morgensprache, die ihnen vom Rat verordnet war; danach durften sie nur den Wein zur Niederlegung annehmen, der ihnen vom Rat bezeichnet war, bei einer Strafe von 6 Schillingen. (Rheinmeistereide von 1341 und 1370)[2]). Ihre hauptsächlichste Funktion war die Aufsicht über den Kölner Stapel und die Schlichtung aller Streitigkeiten, die im Warenverkehr auf dem Rhein vorkamen; sie vertraten die sogenannte Rheinpolizei[3]). In ihrer Rolle ist die ganze Organisation des Kölner Weinhandels sowie des Weinzapfes innerhalb der Stadt enthalten.

Neben der Kommission der Rheinmeister wurde 1378 eine andere Ratskommission gebildet, die sogenannte Weinschule. Die Weinschule stellt die Oberaufsichtsbehörde über den städtischen Weinhandel und Weinzapf dar. Sie bestand aus 8 Ratsmitgliedern[4]) und hielt Dienstags, Donnerstags und Samstags Sitzungen ab, wo Rechtsfragen auf dem Gebiete des Weinhandels entschieden wurden[5]). Diese acht Herren standen den Rheinmeistern in der Erledigung der Verwaltungsgeschäfte zur Seite und mußten selbst vorher das Amt eines Rheinmeisters bekleidet haben[6]). Die Einberufung der Weinschule geschah durch die Rheinmeister[7]); um ihr den Charakter einer unparteiischen Gerichtsbehörde zu bewahren, war allen Beteiligten die Teilnahme am städtischen Weinhandel untersagt[8]). Die Weinschule wuchs in ihrer Bedeutung zunehmend; ihr Einfluß war in der Mitte des 15. Jahrhunderts so groß, daß ein von ihr ausgestelltes Zeugnis zur Erlangung des Kölnischen Bürgerrechtes genügte[9]).

Die niederen Beamten der Weinschule setzten sich aus den Schreibern und Boten zusammen; ihr Eid macht ihnen Gehorsam gegen die Rheinmeister, pünktliches Erscheinen in der Schule und Verweigerung aller Geschenke zur Pflicht. Neben ihrer Schreiberbeschäftigung hatten sie allgemein auf alle Übertretungen im Wein-

---

1) Lau a. a. O., S. 86.
2) Stein a. a. O., Bd. I, S. 40, 41, 54.
3) Ennen, Gesch. a. a. O., Bd. III, S. 49.
4) Stein a. a. O., Bd. II. S. 378.
5) Ennen, Gesch. a. a. O., Bd. III, S. 49.
6) Stein a. a. O., Bd. II, S. 585.
7) Stein a. a. O., Bd. II, S. 380.
8) Stein a. a. O., Bd. II, Nr. 148, § 60.
9) Ennen, Gesch. a. a. O., Bd. V, S. 748.

handel achtzugeben und gegebenenfalls von ihren Beobachtungen in der Weinschule Anzeige zu erstatten. Man kann die Weinschule kurz als das oberste Weinhandelsgericht Kölns bezeichnen.

Die Rheinmeister und die Weinschule bildeten die oberste Behörde für den Weinhandel im ganzen, sowohl für den Großhandel auf dem Weinmarkt, wie auch für den Kleinverschleiß in der Stadt selbst, den Weinzapf. Diese beiden Arten des Weinhandels hatten wieder ihre eigene Organisation: Auf der einen Seite der Weinmarkt mit seinen Beamten, den Visierern, Unterkäufern, Weinschrötern und den niederen Marktgehilfen; auf der anderen Seite das Zapfgewerbe in den Wirtstavernen mit dem Personal der Wirte, den Kistensitzern, Weinzapfern, Weinschenken und Weinrufern.

Der älteste Kölner Marktverkehr spielte sich auf der alten Martinsinsel ab. Hier hatte der Viktualienhandel seinen Platz, an den der Holzmarkt, der Heumarkt, die Stände der Fleischer und Fischer sich anreihten. Im 12. und 13. Jahrhundert verschwanden die offenen Buden, in denen die Viktualien feilgehalten wurden, und an ihre Stelle traten große Häuser mit Speicher- und Kellereinrichtungen. Die Marktdistrikte wurden in Straßen verwandelt, behielten aber ihre alten Namen bis auf den heutigen Tag. In diesen Straßen lagen die Häuser für die einzelnen Warengattungen, so das Kramhaus für Kolonialwaren, das Flachshaus, Leinwandkaufhaus und andere[1]).

Der Weinhandel hatte nur geringen Anteil an diesem Kramhausverkehr; er spielte sich entweder auf dem Rhein in den Weinschiffen oder am Lande in den Wirtshäusern ab. Höchstens könnte für ihn das Kramhaus in Betracht gekommen sein. Im Laufe der Jahrhunderte entwickelte sich Köln zu einem riesigen Stapelplatz, weil es die Grenze zwischen Fluß- und Seeschiffahrt bildete. Darum ging das Streben der Stadt darauf aus, durch Stärkung des Eigenhandels und Festhalten des Zwischenhandels mit weitgehenden Stapelgerechtsamen den Weinhandel in Köln zu monopolisieren. In der Tat hielt sich der Wein die ganzen Jahrhunderte hindurch an der Spitze des Gesamthandels.

Das Hauptgewicht lag auf dem Eigenhandel, dergestalt, daß die Kölner Kaufleute bei den Produzenten in den rheinaufwärts gelegenen Landstrichen einkauften und von Köln aus die Produkte weiter in den Handel brachten. Öfters traten Gesellschaften zusammen mit einer für die damalige Zeit großen Kapitalsanlage, um gleich ganze Kreszenzen

---

1) Ennen, Gesch. a. a. O., Bd. I, S. 500.

anzukaufen. Im Jahre 1502 wurde so ein Kaufvertrag von einem Rentmeister und einem Rheinmeister aus Köln mit der Gemeinde Waldagasheim auf 10 Jahre abgeschlossen, nach dem die ganze Kreszenz des Dorfes den beiden Gesellschaftern käuflich überlassen wurde.

Schon am Ausgang des 11. Jahrhunderts reichte das Gebiet, das Kölner Kaufleute in das Bereich ihres Weinhandels gezogen hatten, von den Küsten Englands bis Steiermark[1]). Ein so ausgedehnter Handel führte jahraus jahrein eine große Menge von Kaufleuten nach Köln und bedang den Erlaß zahlreicher Vorschriften. Schon bei der Anfahrt zum Weinmarkt begann die Kontrolle der städtischen Behörden. Aller Wein, der zu Lande nach Köln eingeführt werden sollte, brauchte nicht notwendig nach dem Markt dirigiert zu werden. Wenn der Wein dagegen in Köln zum Verkauf bestimmt war, so durfte mit ihm innerhalb einer Meile um die Stadt herum kein Detailhandel getrieben werden[2]). Die Wirte hatten die Verpflichtung, jeden Kaufmann, bevor er seinen Handel in Köln begann, zu fragen, ob er keinen Detailhandel vorher getrieben habe; gab der Kaufmann es zu, so mußte der Wirt den Handel untersagen. Auch Unwissenheit schützte den Händler nicht vor dieser Verordnung. Wenn es sich herausgestellt hatte, daß doch innerhalb der angegebenen Grenzen Kleinhandel mit Wein stattgefunden hatte, so mußten die betreffenden Kaufleute mit ihren Waren die Stadt sofort verlassen[3]); außerdem war für jedes Faß eine Strafe von 5 Mark zu zahlen.

In weit größerem Maße spielte sich der Handel am Rhein ab, entweder noch auf den Weinschiffen oder am Stapel. Da sich im Kölner Hafen See- und Flußschiffahrt begegneten, wurde der See- und Flußhandel streng auseinandergehalten. Die Kaufleute, die rheinabwärts nach Köln kamen, hießen die Oberländer, diejenigen, die von Holland heraufkamen, die Niederländer. Die Grenze, bis wieweit sie landen durften, war an der Hitzgasse festgelegt. Die Trennung war so streng durchgeführt, daß Ober- und Niederländer nicht direkt in Verbindung treten konnten; ebenso durften sie nicht zusammen bei einem Wirt ihren Handel eröffnen; deshalb unterschieden sich auch die Wirte nach solchen, die nur Niederländer, und nach solchen, die nur Oberländer bei sich aufnehmen durften. Die Hitzgasse bildete allgemein die Grenze für den Weinhandel, denn oberhalb derselben war

---

1) Ennen, Gesch. a. a. O., Bd. I, S. 841.
2) Stein a. a. O., Bd. II, S. 235.
3) Stein a. a. O., Bd. II, S. 235.

jeder Kauf oder Verkauf von Weinen untersagt[1]); Wirt und Händler wurden im Übertretungsfall zu gleicher Strafe herangezogen; Unwissenheit schützte allerdings in diesem Falle den Händler.

Der Handel am Rhein war nur geborenen oder eingeschworenen Bürgern erlaubt; beteiligten sich Wirte oder Unterkäufer daran, ohne im Besitz des Bürgerrechtes zu sein, so mußten sie eine Strafe von 5 Mark zahlen. Das eigentliche Handelsgeschäft ging meistenteils noch auf den Schiffen vor sich. Wenn ein Händler beispielsweise genügend Ware eingekauft hatte, so charterte er ein Schiff und führte sie rheinabwärts nach Köln; die Schiffe waren nicht das Eigentum der Kaufleute, sondern gehörten sogenannten Schiffspatronen, die von den Erträgnissen der Fracht ihren Unterhalt bestritten. Es mutet ganz modern an, wenn man hört, daß Waren aus Spanien oder Frankreich auf Rechnung Kölner Kaufleute direkt nach Norden verfrachtet werden, ohne überhaupt Köln zu berühren, geschweige denn durch die Hände ihrer Eigentümer zu gehen[2]).

Auf den Schiffen, die rheinabwärts nach Köln gekommen waren, ging das Geschäft folgendermaßen vor sich: Vor allem wurde der echt zünftige Grundsatz bewahrt, jede Konkurrenz zu beseitigen. Den ankommenden Schiffen entgegenzufahren und sich vielleicht im voraus mit den Händlern ins Einvernehmen zu setzen, galt als schweres Vergehen[3]). Auf jedem Schiff durfte nur einmal ein Verkauf stattfinden, nicht in zwei oder drei Serien; kleinere Quantitäten abzugeben, war nur mit Hilfe der Rheinmeister gestattet, sonst mußte mindestens der Verkauf der halben Schiffsladung durch die Zahl der anwesenden Käufer gewährleistet sein[4]). Zuwiderhandlungen der Händler wurden mit fünf Mark bestraft, während den Unterkäufern, die diese duldeten, die Erlaubnis, Unterkauf zu treiben, auf drei Jahre entzogen wurde. Wenn eine genügende Anzahl Käufer beisammen war, wurde ausgewürfelt, in welcher Reihenfolge die einzelnen zum Kaufe zugelassen werden sollten[5]); diese Maßregel hielt man für gut, um Zwietracht der Bürger bei der Auswahl des Weines zu vermeiden. Auf die Nichteinhaltung der Auslosung war 10 Mark Strafe gesetzt.

Diese Maßregeln bezogen sich nur auf rheinabwärts kommende Schiffe oder, wie es in den Urkunden heißt: „die aus Elsaß kommen".

---

1) Stein a. a. O., Bd. II, Nr. 158, § 29.
2) Ennen, Gesch. a. a. O., Bd. III, S. 728.
3) Stein a. a. O., Bd. II, Nr. 114, § 32.
4) Stein a. a. O., Bd. II, Nr. 148, § 20.
5) Stein a. a. O., Bd. II, Nr. 148, § 39.

Wenn Schiffe rheinaufwärts Wein nach Köln führten, so handelte es
sich entweder um südliche Weine, meistens in kleinen Quantitäten
aus Spanien, oder um Wein, der für Köln nur Durchgangsgut bildete;
in diesem Fall mußte der Eigentümer schwören, dieselben in Köln
nicht auf den Markt zu bringen.

Die Grundlage für den Handel der Bürger in der Stadt bildete
das Verbot, keine Geschäfte unter sich anzuknüpfen; dasselbe galt auch
für die fremden Händler. Ein Bürger durfte nur mit einem fremden
Kaufmann oder einem Gast, wie er offiziell genannt wurde, in Verbindung treten und auch dies nur durch Vermittlung der sogenannten
Unterkäufer[1]. Zuwiderhandelnde Bürger wurden mit harten Strafen,
beispielsweise mit drei Jahren Turm, bestraft[2]; außerdem hatte jeder,
der Kunde von solchen Handelsgeschäften bekam, die Anzeigepflicht
bei den Rheinmeistern. Der fremde Kaufmann dagegen hatte von
jedem Fuder fünf Mark Strafe zu zahlen[3], ebenso der Wirt, der den
Gast beherbergte. Wenn ein Bürger mit einem oder mehreren Kaufleuten eine Handelsgesellschaft auf dem Rhein einging, so sollte er
den Wein „teilen"[4]; das ist vielleicht so zu verstehen, daß von der
gemeinsamen Ladung sowohl dem Bürger wie dem Händler bestimmte
Teile zufielen, deren Verkauf sie zu übernehmen hatten; hierdurch
wurde das Risiko gleichmäßiger verteilt und namentlich die Bildung von
Unternehmungen mit stillen Teilhabern unmöglich gemacht. Andererseits konnte eine besondere Empfehlung der Ware dadurch, daß vielleicht angesehene Bürger mit ihrem Namen die Geschäftssicherheit der
Unternehmung verbürgten, kaum vermieden werden.

Den Bürgern war es gestattet, zu Lande den Weinhändlern entgegenzufahren[5], sie waren aber verpflichtet, den eingekauften Wein
in die Stadt zu führen, um hier die Messung und Versteuerung durch
die städtischen Beamten vornehmen zu lassen. Nach den vorliegenden
Quellen ist der Weinhandel im Kleinen äußerst rege gewesen. Auch
minder begüterte Leute hatten oft vor den Toren der Stadt ein kleines
Stück Land, auf dem sie Weinreben pflanzten, und dessen Erträgnisse
sie auf den Markt brachten. Um sein eigenes Gewächs zu verzapfen,
war nicht einmal die Notwendigkeit geboten, Bürger zu sein, ein Beweis, wie sehr es dem Rate darum zu tun war, den Eigenhandel der

---

1) Ennen, Gesch. a. a. O., Bd. III, S. 732.
2) Stein a. a. O., Bd. II. Nr. 114, § 58.
3) Stein a. a. O., Bd. II, Nr. 114, § 10.
4) Stein a. a. O., Bd. II, Nr. 114, § 11.
5) Stein a. a. O., Bd. II, Nr. 114, § 35.

Stadt zu unterstützen. Zum Verkauf des eigenen Wuchses war nur die Erlaubnis der Weinschule nötig und dann natürlich die Hinterlegung der vorgesehenen Akzisen. Endlich mußte jeder Zapfer den rechtmäßigen Besitz des Gewächses unter Eid nachweisen können[1]). Der Weiterverkauf von Wein an fremde Kaufleute seitens der Bürger war bei Strafe von 5 Mark für jedes Fuder verboten[2]). Wohl aber war es ihnen erlaubt, ihren Wein im Kleinhandel in kleineren Quantitäten mit Erlaubnis der Rheinmeister zu verkaufen oder „drei oder vier Trunke daraus zu machen"[3]). Als Maximalpreis für ihre Ware waren auf dem Lande 6 Schillinge für das Fuder festgesetzt[4]).

Zur Überwachung des Weinhandels innerhalb der Stadt, wie auf dem Rhein und am Staden waren vom Rat zahlreiche Beamte verordnet, deren Tätigkeit genau fixiert war. Sie waren städtische Beamte und standen im städtischen Sold, abgesehen von den Provisionen und Tantiemen, die ihnen bei Ansführung ihres Amtes zufielen. Zu den höheren Beamten gehören in erster Linie die Unterkäufer und die Visierer. Die ersteren waren städtischerseits konzessionierte, vereidigte Vermittler, welche die vom Rate in finanztechnischer und handelspolitischer Hinsicht erlassenen Ordnungen zu überwachen hatten. Solche Unterkäufer gab es für die verschiedensten Arten des Handelsverkehrs, so z. B. beim Holzhandel, beim Pferdehandel, beim Wollhandel und im Leinwandhaus[5]). Die Funktionen des Maklers und des Beschützers der fremden Kaufleute vor betrügerischer Behandlung seitens der Bürger, wie sie in Ulm und Nürnberg gehandhabt wurden, fallen für Köln nicht so ins Gewicht. Hier waren sie mehr Aufsichtsbeamte für alle Zweige des Weinhandelsverkehrs, namentlich für die polizeilichen Maßnahmen und die Akziseordnungen. Zu ersteren gehörte beispielsweise die Begutachtung der Fässer nach ihrer Größe; Fässer von 4—7 Ohm galten für klein; von 7 Ohm bis zu einem Fuder für groß. Eine ungenaue Ausführung der Einteilung brachte ihnen den Verlust ihres Amtes auf ein Jahr[6]).

Beim Kölner Weinhandel waren vier Unterkäufer angestellt, eine Urkunde von 1477 zählt sie namentlich auf[7]); 1483 wurde ihre Zahl

---

1) Stein a. a. O., Bd. II, Nr. 377.
2) Stein a. a. O., Bd. II, Nr. 114, § 3.
3) Stein a. a. O., Bd. II, Nr. 148, § 20.
4) Stein a. a. O., Bd. II, Nr. 114, § 1.
5) Lau a. a. O., S. 294, Anmerk.
6) Stein a. a. O., Bd. II, Nr. 149, § 21.
7) Stein a. a. O., Bd. II, Nr. 324.

um einen verringert[1]). Diese Unterkäufer wurden von der Behörde nur bei solchen Handelsbetrieben angestellt, bei denen sie durch die Erhebung einer indirekten Steuer ein fiskalisches Interesse hatte. Da nun bei indirekten Steuern am ehesten Hinterziehungen vorkommen konnten, so wurde den Unterkäufern ein Anteil an den einlaufenden Strafgeldern zugesichert. Der Unterkauf auf dem Rheine und auf dem Lande war getrennt[2]); der Unterkäufer, der sein Verwaltungsgebiet verließ, zahlte für jedes Fuder, das durch seine Hände ging, 12 Mark Strafe.

Jeder Bürger, ausgenommen wer das Wirtsgewerbe trieb, konnte Unterkäufer werden[3]): aktive Beteiligung am Weinhandel[4]), auch durch Vorschießen von Kapital[5]), und Zugehörigkeit zu einer Handelsgesellschaft[6]) war verboten. Der Lohn der Unterkäufer betrug im Höchstfalle 6 Schillinge für das Fuder, von welcher Zahlung die eine Hälfte der Käufer und die andere Hälfte der Verkäufer zu tragen hatte[7]). Mehr als die vorgeschriebene Summe anzunehmen war verboten, und der Bürger, der durch höheren Lohn den Unterkäufer für sich gewinnen wollte, verfiel in die abnorm hohe Strafe von 100 Mark und durfte ein Jahr lang keinen Weinhandel treiben[8]). Nur die Annahme einer Gratifikation war den Unterkäufern gestattet, und zwar in Gestalt eines Quantums Wein, dem sogenannten Stichwein; betrug die gehandelte Menge noch nicht 4 Ohm, so war die Annahme von Stichwein verboten, wurden über 4 Ohm gehandelt, so durften sie von jedem Stück 1 Quart annehmen[9]). Waren die Unterkäufer durch strenge Verordnungen gegen unlautere Beeinflussungen hinreichend geschützt, so wurden auch ihrerseits solche Vergehen strenge geahndet; denn die Behörden hatten mit Recht die Strafen so hoch bemessen, da der Unterkäufer tatsächlich die Kontrolle über den Weinhandel allein in der Hand hatte und durch eigennützige Manipulationen der Stadtkasse auf dem Wege der Steuerhinterziehung schweren finanziellen Schaden zufügen konnte. Zu ihren Hauptaufgaben gehörte es, darauf zu achten, daß die fremden Kaufleute sich nur auf den Verkauf

1) Stein a. a. O., Bd. II, Nr. 432.
2) Stein a. a. O., Bd. II, Nr. 114, § 30.
3) Stein a. a. O., Bd. II, Nr. 148, § 148.
4) Stein a. a. O., Bd. II, Nr. 148, § 155.
5) Stein a. a. O., Bd. II, Nr. 148, § 5.
6) Stein a. a. O., Bd. II, Nr. 114, § 30.
7) Stein a. a. O., Bd. II. Nr. 114, § 1.
8) Stein a. a. O., Bd. II. Nr. 114, § 2.
9) Stein a. a. O., Bd. II, Nr. 148, § 161.

des Weines im Großen beschränkten; wenn ein Unterkäufer von dem widerrechtlichen Kleinhandel eines Gastes erfuhr und diesen nicht der Rentkammer anzeigte, so wurde ihm im Falle der Entdeckung die Qualifikation zu fernerem Unterkauf genommen, außerdem mußte er für jedes Fuder Wein 5 Mark Strafe zahlen [1]). Ferner war es ihnen untersagt, für die Ware eines bestimmten Kaufmannes Reklame zu machen, indem sie einzelnen Bürgern die bis dahin eingegangenen Gebote anderer Käufer oder Andeutungen über Stückzahl oder Güte des Weines zukommen ließen [2]), oder einzelne Bürger direkt aus der Stadt den Händlern auf dem Rhein zuführten [3]). Sie hatten alle, die sie in Anspruch nahmen, in gleicher Weise zu bedienen; wenn sie bestimmte Weinsorten für besondere Günstlinge aufhoben und darum absichtlich vom Verkauf zurückbehielten, so wurde ihnen ebenfalls der Unterkauf auf 5 Jahre entzogen [4]). Endlich war es auch untersagt, den Weinen andere Namen beizulegen, um den Käufer zum Kauf oder Verzicht auf die Ware zu veranlassen; hatte es der Unterkäufer bei einem Geschäft an den nötigen Warnungen fehlen lassen und sah sich der Käufer später schlecht bedient, so hatte der Unterkäufer für den betreffenden Wein die Kosten zu übernehmen.

Die Unterkäufer nahmen in der Beamtenschaft der Weinhandelspolizei die oberste Stelle ein; ihr Amt erforderte im Verkehr mit dem Publikum, vor allem mit den Fremden, weitgehenden Blick und die im Mittelalter so streng gehandhabten gesellschaftlichen Umgangsformen. Dagegen waren die Visierer mehr technische Beamte oder Exekutivbeamte. Jeder Wein, der in Köln eingeführt wurde, um später verkauft zu werden, mußte von den Visierern „geroedet" werden, d. h. mit der Visierrute gemessen und mit einer Marke versehen werden, die die Quantität anzeigte. Dieser Vorschrift unterlag nur der Wein, der von Bürgern eingeführt wurde; fremde Kaufleute brauchten ihren Wein erst „roeden" zu lassen, wenn sie im Begriff waren, ihn an Bürger zu verkaufen [5]).

Die Visierer, zwei an der Zahl, mußten vorschriftsmäßige Ruten haben, denen zwei auf der Rentkammer niedergelegte [6]) als Muster dienten. Diese Ruten durften sie nur im Dienste der Stadt ge-

---

1) Stein a. a. O., Bd. II, Nr. 148, § 2.
2) Stein a. a. O., Bd. II, Nr. 148, § 6.
3) Stein a. a. O., Bd. II, Nr. 148. § 7.
4) Stein a. a. O., Bd. II, Nr. 114, § 7.
5) Stein a. a. O., Bd. II, Nr. 234, § 150.
6) Stein a. a. O., Bd. II, Nr. 82, III.

brauchen, das Halten von Privatruten war bei Strafe von 100 Mark verboten[1]). So oft mit Privatruten gemessen war, so vielmal war für jedes Fuder Wein 10 Mark Strafe zu zahlen; die Strafgelder kamen zum Teil an die Rheinmeister, zum Teil an die Rentkammer, außerdem wurde der Übertreter auf ein Jahr aus der Weinkaufmannschaft ausgeschlossen[2]). Ebenso war es streng untersagt, die Kunst des Visierens Unbefugten zu lehren[3]). Wie allen städtischen Beamten, war den Visierern eigener Weinhandel untersagt, dagegen der Zutritt zur Weinschule gestattet[4]). Allgemein war ihnen die Überwachung der Vorschriften des Rates übertragen, da sie durch ihr Amt hierzu besonders befähigt waren; sie hatten hierin die Unterkäufer zu unterstützen und etwaige Übertretungen auf der Rentkammer anzuzeigen. Um sie zur genauen Ausführung ihres Amtes anzuspornen, fiel ihnen die Hälfte der eingegangenen Strafgelder zu, die ihnen jede Woche in Gestalt eines Zuschusses zum Wochenlohn zu gleichen Teilen zugewiesen wurden. Alles zusammen genommen, war das Amt der Visierer nicht minder verantwortungsvoll wie das der Unterkäufer; ihre Tätigkeit bildete die Grundlage für die Erhebung der städtischen Weinsteuer und war für die Stadt in steuertechnischer Hinsicht von größter Wichtigkeit.

Zu den niederen Beamten, die beim eigentlichen Handel am Rhein in Betracht kommen, gehören die Kranenmeister und die Weinschröder. Die Kranen waren am Staden zum leichteren Transport der Waren aus den Schiffen aufgestellt und ihr Betrieb für eine bestimmte Zeit verpachtet[5]); so z. B. 1387 auf 2 Jahre an 2 Kölner Bürger[6]) für 110 Mark wöchentlich, 1393 für 100 Mark wöchentlich[7]); ein Beweis für die große Inanspruchnahme der Kranen und die große Handelstätigkeit im Kölner Hafen. Es waren im ganzen vier Kranen aufgestellt, einer am Lande und drei auf dem Wasser[8]); eine genaue Scheidung in der Benutzung wurde aber nicht durchgehalten[9]). Für ihre Bedienung war anfangs ein Kranenmeister angestellt; am

---

1) Stein a. a. O., Bd. II, Nr. 21.
2) Stein a. a. O., Bd. II, Nr. 148, § 56.
3) Stein a. a. O., Bd. II, Nr. 148. § 9.
4) Stein a. a. O., Bd. II. Nr. 148, § 60.
5) Ennen, Quellen, a. a. O., Bd. I, S. 88.
6) Ennen, Quellen, a. a. O., Bd V, 552.
7) Ennen, Quellen, a. a. O., Bd. VI, 179.
8) Stein a. a. O., Bd. II, Nr. 163.
9) Ennen, Quellen, a. a. O., Bd. I, S. 87.

Ende des 15. Jahrhunderts, mit dem wachsenden Aufschwung des Handels, wurden mehrere angestellt. Ihre Tätigkeit lag in der Oberaufsicht über das gesamte Kranenwesen; dazu gehörte ein wöchentlicher Rechenschaftsbericht an die Rentkammer über die Zahl der Stücke, die tagsüber ein- oder ausgeladen wurden, und über die Höhe der Einnahme[1]); ferner die gute Instandhaltung der Gerätschaften, die von der Stadt in einem genauen Inventarverzeichnis aufgenommen waren[2]). Gerätschaften auszuleihen oder überhaupt ihr Amt zeitweilig Unbefugten zu übertragen, war ihnen streng untersagt[3]). Da jeder Kranen bestimmten Zwecken diente, hatte der Bürger, der einen Kranen zum Aufwinden von unvorschriftsmäßigen Waren benutzen wollte, außer dem Kranengeld noch eine besondere Gebühr für die Leistung zu hinterlegen. Das Kranengeld betrug nach einer Ordnung von 1370 für ein Stück Wein von 1—3 Ohm 3 Schillinge, von 4—7 Ohm 2 Schillinge, von 8—10 Ohm 3 Schillinge. Eine Tonne aus dem Schiff zu tragen, kostete 8 Pfennige[4]). Über die Kranenmeister war als Aufsichtsbehörde der Stadt ein Kollegium von drei Männern gesetzt, die Kranenschreiber oder Beseher, die abwechselnd einmal monatlich die Kranen zu inspizieren hatten. Sie waren wohl hauptsächlich zu dem Zweck bestellt, um die für die Stadt durch die Verpachtung ziemlich verloren gegangene Kontrolle einigermaßen zu ersetzen.

Die Weinschröder haben in Köln nicht jene Bedeutung gehabt wie in anderen Städten; im Hafen vertraten ihre Stelle die Kranenknechte, und im Ladenverkehr in der Stadt hatte das Weingesinde der Wirte mit anzufassen. Sie bildeten keine Zunft, auch ist von ihnen kein Zunfteid erhalten. Sie scheinen die Stellung von gelegentlichen Dienstleuten eingenommen zu haben; im übrigen standen sie unter der Botmäßigkeit der Rheinmeister, nur mit ihrer Erlaubnis war es ihnen gestattet, Wein zu schröden[5]). Da die zu Schiffe ankommenden Kaufleute sich der Kranenknechte zu bedienen pflegten, die zu Lande zureisenden Händler aber durch das Personal der Wirte, bei denen sie abzusteigen pflegten, bedient wurden, so ist es zu verstehen, daß die Tätigkeit der Weinschröder sehr in den Hintergrund trat und sie in den urkundlichen Nachrichten keine Rolle spielen.

---

1) Stein a. a. O., Bd. II, Nr. 314.
2) Ennen, Quellen, a. a. O.. Bd. I, S. 88.
3) Stein a. a. O., Bd. II, Nr. 163.
4) Stein a. a. O., Bd. II, Nr. 43.
5) Stein a. a. O., Bd. II, Nr. 148, § 31,

Die andere Seite des Kölner Weinhandels bildete das Weingeschäft der Wirte: der Weinhandel im Kleinen und der Weinzapf in den Tavernen.

Wenn sich der Detailhandel auch nicht mit dem Großhandel am Rhein messen konnte, so war sein Umsatz zu Lande doch immer sehr bedeutend und deshalb von der Stadt auf das genaueste geregelt. Die Wirte waren in erster Linie die Inhaber von Schankwirtschaften oder sogenannten Tavernen; daneben aber waren sie, ähnlich den Unterkäufern, Vermittler beim Handel der fremden Kaufleute mit den Bürgern. Trotzdem standen sie nicht auf gleicher Stufe mit den Unterkäufern. Wenn sich auch ihre Tätigkeit nahezu ganz deckte, so waren die Unterkäufer ihrer Stellung nach mehr, denn die Wirte wurden nur im Falle der Not zu ihrer Unterstützung herangezogen, da ihr Gewerbe sie zu dieser Funktion besonders befähigt erscheinen ließ.

Der Wirt im mittelalterlichen Köln kann mit unserem heutigen Schankwirt nicht auf eine Stufe gestellt werden; Vorbedingung war für ihn der Besitz des Bürgerrechts, immerhin eine Tatsache, die eine gewisse soziale Stellung zur Voraussetzung hatte. Gewöhnlich verwaltete der Wirt seine Taverne nicht selbst, sondern hatte dafür sein Personal, vom Kistensitzer, der dem heutigen Geschäftsführer gleichzustellen ist, abwärts bis zum Jungen, dem heutigen Pikkolo. Er selbst widmete sich ausschließlich den fremden Kaufleuten. Da der Wirt einen offenen Laden mit Detailverkauf und Ausschank im Kleinen hatte, andrerseits aber unter demselben Dache die Weinkaufleute sogar mit ihren Waren, die sie in dem geräumigen Keller, den jede Taverne besaß, einlagern konnten, einzukehren pflegten, so war es ganz natürlich, daß der Wirt leicht eine Vermittlung zwischen Händlern und Konsumenten herstellen konnte.

Es ist schon mehrfach betont worden, daß für die Stadt der Eigenhandel von größerer Wichtigkeit war; da nun der Wirt Kölner Bürger war, so war schon im ersten Stadium des beginnenden Geschäftes das Interesse der Stadt in der Person des Wirtes vertreten. Da andrerseits ein engerer Verkehr mit den Händlern den Wirten reiche, persönliche Vorteile einbringen konnte, so waren die Grenzen dieses Handelsverkehrs behördlicherseits durch Verordnungen genau fixiert.

Die Vorschriften über die Vermittlungsgeschäfte der Wirte decken sich im ganzen mit denen, die für die Unterkäufer erlassen waren; daneben sind aber noch verschiedene Einzelheiten zu beachten, durch die die exzeptionelle Stellung ihres Gewerbes noch mehr in die Er scheinung tritt. Wie die Unterkäufer waren natürlich auch die Wirte verpflichtet, die fremden Kaufleute auf die bestehenden Verordnungen, z. B. über den Detailverkauf, aufmerksam zu machen[1]). Außerdem war ihnen jede Geschäftsverbindung mit den fremden Händlern verboten, ebenso der Detailausschank an Kaufleute, die zu Markte fuhren und nicht bei ihnen ihren Wein eingelagert hatten[2]). Der Gast wiederum durfte nur bei dem Wirt seinen Wein feilhalten, bei dem er ihn eingelagert hatte[3]). Bei alledem war die Trennung von Ober- und Niederländern auf das strengste durchgeführt, da die Gefahr vorlag, daß namentlich im Durchgangshandel die Stadt durch das Zusammenarbeiten von Ober- und Niederländern Einbuße an Stapelgebühren und Akzisen erleiden konnte. Wirte, die hierbei behülflich waren, wurden mit 10 Mark bestraft[4]).

Die fremden Kaufleute waren von dem Detailverkauf in den Tavernen der Wirte ausgeschlossen; im Übertretungsfall wurde dem Wirt das Beherbergungsrecht auf ein Jahr entzogen, außerdem hatte er noch 10 Mark Strafe zu zahlen[5]). Ebenso wie der Unterkäufer hatte der Wirt nach Beendigung des Kaufgeschäftes ein Recht auf eine Gratifikation seitens des Händlers; er erhielt nach jedem Geschäftsabschluß ein Maß Stichwein[6]).

Dem Wirt war eine anständige Behandlung der fremden Händler zur Pflicht gemacht; beim Handel hatte er sich strenge im Rahmen seiner Befugnisse zu halten und sich aller eigenen Geschäfte zu enthalten; dahin gehören die Verbote des Geldausleihens, den Händlern entgegenzufahren und ihnen unter der Hand Aufträge zukommen zu lassen oder sie auf günstige Geschäfte hinzuweisen. Mit anderen Worten hatten sie sich um die Geschäfte der fremden Händler gar nicht zu kümmern; dagegen waren sie verpflichtet, für das bei ihnen eingelagerte Gut aufzukommen und dasselbe ungeschädigt für die Gäste aufzubewahren[7]).

Wie aus dem Vorstehenden ersichtlich ist, besaßen die Wirte allerdings eine gewisse wirtschaftliche Macht über die Kaufleute, die zu Markt kamen; sie waren aber von diesen wieder insofern abhängig,

---

1) Stein a. a. O., Bd. II, Nr. 148, § 1; Nr. 114, XV, § 5.
2) Stein a. a. O., Bd. II, Nr. 148, § 4.
3) Stein a. a. O., Bd. II, Nr. 114, XV, § 9.
4) Stein a. a. O., Bd. II, Nr. 114, IX, § 6.
5) Stein a. a. O., Bd. II, Nr. 148, § 44.
6) Stein a. a. O., Bd. II, Nr. 148, § 147.
7) Stein a. a. O., Bd. II, Nr. 148, § 5.

als letztere ihre Tavernen frei wählen nnd die ihnen unbequemen Wirte geflissentlich meiden konnten. Vom Standpunkte des zunft-mäßigen Gewerbebetriebes aus können die Maßregeln für den Verkehr zwischen Wirten und Gästen untereinander gerechtfertigt erscheinen, da sonst das ganze umständliche Abgabewesen der Stadt umgangen werden konnte.

Die andere Seite des Wirtsgewerbes betraf den Weinzapf oder den Weinausschank in Wirtshäusern. Die Tatsache, daß der Wein ein tägliches Genußmittel aller Bevölkerungsschichten bildete, läßt die große Verbreitung der Kneipen im alten Köln verstehen. Im Jahre 1441 wurden allein 248 Inhaber von Weinstuben gezählt, eine erstaunlich große Zahl, wenn man bedenkt, daß hierbei nur die wirklichen öffent-lichen Wirtshäuser genannt sind, die zahlreichen Trinkstuben der Zünfte, Gilden und sonstigen Vereinigungen ganz abgerechnet. Diese große Verbreitung der Kneipen lag im wesentlichen an dem riesigen Frem-denverkehr [1]. Außer ihnen gab es periodische Weinstuben, die nur zur Zeit des Zapfes geöffnet waren und, wenn der Vorrat ausgeschenkt war, wieder geschlossen wurden.

Vorbedingung für die Erlaubnis zum Ausschank war dreijähriger Besitz des Bürgerrechts [2]. Außerdem mußte der Bewerber auf irgend ein städtisches Amt eingeschworen sein und einen Harnisch haben, d. h. in der städtischen Bürgerwehr eingereiht sein [3]. Beim Todesfall des Besitzers durfte die Witwe das Geschäft fortsetzen, doch nur während der Zeit ihrer Witwenschaft, bei einer Wiederverheiratung ging sie des Zapfrechts verlustig [4].

Neben dem einzelnen Inhaber gab es auch Gesellschaften mit beliebig viel Teilnehmern; da es aber Vorschrift war, daß die Gesell-schaften nur eine Taverne in der Stadt zur Zeit im Betrieb haben durften [5], so war ihre Organisation die einer stillen Gesellschaft, indem die Teilhaber einen gemeinsamen Geschäftsführer einsetzen, der die Lei-tung der Tavernen versah, während sie sich auf die Hergabe des Kapitals und Kontrolle seiner Verwendung beschränkten. Eine Gesellschaft durfte aus Konkurrenzrücksichten nur einen Abgeordneten in die Weinschule entsenden, widrigenfalls sie außer 18 Mark Strafe auf 3 Monate von der Weinschule ausgeschlossen blieb und damit in ihrem Geschäftsgang

1) Ennen, Gesch. a. a. O., Bd. II, S. 604.
2) Stein a. a. O., Bd. II, Nr. 114, XVI, § 1.
3) Stein a. a. O., Bd. II. Nr. 148, § 169.
4) Stein a. a. O., Bd. II, Nr. 168, § 68.
5) Stein a. a. O., Bd. II, Nr. 114, XVI, § 4.

auf das höchste behindert wurde. Die genaueren Statuten einer solchen Gesellschaft — im vorliegenden Falle handelt es sich um eine offene Handelsgesellschaft in Aachen — enthält eine Urkunde aus dem Jahre 1360[1]); es waren im ganzen 3 Teilnehmer daran beteiligt, von denen 2 sich mit je 600, der dritte mit 200 Gulden zur Verfügung des Unternehmens hielten. Zum Ausgleich für die geringere Kapitalsbeteiligung stellte der letztere seinen Keller der Gesellschaft zur Verfügung. Ferner war die Errichtung einer Filiale in Kleve vorgesehen durch Mietung des dortigen Kellers. Endlich sollen alle Unternehmungen ausschließlich aus Mitteln der Gesellschaft bestritten und das in ihr angelegte Kapital nur für Weinhandel verwandt werden. Diese Form der Gesellschaft, die den einfacheren Grundlagen des mittelalterlichen Handels entsprach, mag auch in Köln in Anwendung gewesen sein.

Jeder Zapfer war verpflichtet, für seine Rechnung Weinzapf zu treiben; mehrere Tavernen zu gleicher Zeit offen zu halten oder für einen anderen, der das Zapfrecht nicht besaß, mitzuzapfen, war untersagt[2]). Der Wirt hatte zum Betriebe seiner Tavernen das sogenannte Weingesinde zu halten, das sich aus dem Kistensetzer, dem Weinschenk, dem Weinrufer auf der Straße und dem Jungen zusammensetzte. Das Weingesinde war eine obrigkeitliche Einrichtung und besaß Beamtencharakter; offiziell unterstand es der Weinschule, an die sich auch die Wirte bei der Mietung zu wenden hatten. Das Gesinde bekam von der Weinschule seine Stelle zugewiesen, der es die Aufgabe eines Postens sogleich am nächsten Tage mitzuteilen hatte[3]); die Dauer einer Stellung betrug mindestens ein Jahr[4]); der Betreffende mußte sich außerdem verpflichten, diese Stellung nicht heimlich zu verlassen und während seiner ganzen Dienstzeit dem Wirte den schuldigen Gehorsam entgegenzubringen. Heimliches Entfernen aus der Dienststellung oder offene Widersetzlichkeit gegen den Herrn wurde mit zwei- oder fünfjährigem Verlust der Befähigung bestraft, in irgend einem Zweige des Weinhandels während dieses Zeitraumes angestellt zu werden[5]).

Soweit war die Organisation des Weingesindes durch die Behörden zum Teil nach Gesichtspunkten geordnet, die noch heute die Grundlagen unserer Gesindevermietung bilden; die Weinschule

---

1) Loersch, Aachener Rechtsdenkmäler. S. 178.
2) Stein a. a. O., Nr. 114, XVI, § 5.
3) Stein a. a. O., Bd. II, Nr. 114, XVI. §. 16
4) Stein a. a. O., Bd. II, Nr. 148, § 93,
5) Stein a. a. O., Bd. II, Nr. 114, XVI, § 20.

deckt sich mit der Meldepolizei, die An- und Abmeldung des Gesindes zu überwachen hat. Beachtenswert ist ferner die Regelung der Kündigung und endlich die Aussperrung derjenigen, die sich Übertretungen hatten zu Schulden kommen lassen. Merkwürdig, und mit heutigen Ansichten schwer vereinbar, ist die Befugnis des Gesindes, die Handelstätigkeit ihrer Arbeitgeber im geheimen zu kontrollieren. Sie waren geradezu von der Behörde beauftragt und hatten, was vom sittlichen Standpunkte aus nicht unbedenklich erscheint, an den Erträgnissen, die der Stadt aus den Anzeigen über etwaige Übertretungen der Wirte zuflossen, einen rechtmäßigen Anteil. Im Tavernenbetrieb hatten sie namentlich darauf zu achten, daß der Verschank der Fässer ordnungsgemäß vor sich ging, d. h. daß der Wirt ein einmal angestochenes Faß auch bis zum Schluß ausschenkte[1]. Diese Maßregel mußte den Wirt um so härter treffen, als es leicht vorkommen konnte, daß der angezapfte Wein entweder nachträglich als schlecht befunden wurde und nicht den Beifall der Konsumenten fand, und daß dadurch der Ausschank endlos in die Länge gezogen werden konnte. Man kann annehmen, daß sich in den meisten Fällen zwischen Wirt und Personal eine gütliche Übereinkunft treffen ließ; denn am Ende war der Wirt doch der wirtschaftlich stärkere Teil, da ihm gegen mißliebige Personen das Mittel der Aussperrung zu Gebote stand. Alles in allem ist das System, Dienende und Kontrolleure in einer Person zu vereinigen, als verfehlt zu betrachten; auch im alten Köln hat es entschieden seinen Zweck nicht erreicht, da die Kölner Weinhandelschronik von Differenzen zwischen Wirten und Gesinden nichts zu berichten weiß. Vermutlich sah jeder Teil ein, daß er bei gegenseitigem Entgegenkommen am besten seine Rechnung fand.

Der Vertreter des Wirtes war der Kistensitzer. Er war sein Geschäftsführer und führte das ihm übergebene Schankgewerbe selbständig aus. Mindestens alle 14 Tage hatte er eine Abrechnung vorzulegen. Der Weinschule mußte er einen Bürgen für 200 Mark stellen[2] und nahm in dieser Beziehung eine Sonderstellung unter dem übrigen Schankgesinde ein. Um das Interesse von dem Geschäft, dem er vorgesetzt war, nicht abzulenken, war ihm jeder eigene Weinhandel untersagt; gegebenen Falls wurde ihm die Erlaubnis, das Amt eines Kistensitzers zu bekleiden, auf drei Jahre entzogen[3]. Der Lohn richtete sich nach

---

1) Stein a. a. O., Bd. II, S. 165, § 17.
2) Stein a. a. O., Bd. II, Nr. 148, § 111.
3) Stein a. a. O., Bd. II, Nr. 148, § 96.

dem verzapften Quantum Wein und betrug für jedes ausgeschenkte
Fuder zehn Schillinge [1]).

Das Füllen der Flaschen und die Bedienung der Gäste lag dem
Weinschenken ob; hierbei durften nur rechtmäßig geeichte und ge-
zeichnete Flaschen verwandt werden [2]). Wer ungeeichte Flaschen benutzte, mußte jedesmal 6 Schillinge Strafe zahlen, der Erlös fiel halb
der Stadt, halb dem Angeber zu. Der gewerbsmäßige Fälscher von
Eichzeichen wurde krumm geschlossen oder an den Pranger gestellt [3]).

Der „Junge" hatte nur niedere Hausarbeiten, wie die Reinigung
der Taverne, zu verrichten. Das niedere Gesinde erhielt vom Wirte
freie Kost, dazu der Weinzapfer 6 Schillinge, der Weinschenk 4 Schillinge, der Junge 18 Pfennige von jedem ausgeschenkten Fuder als
Lohn. Gratifikationen, wie Extraspeise, von den Gästen anzunehmen,
war untersagt [4]); ebenso Wein, den er scheinbar zum Essen gratis erhielt, abends mit nach Hause zu nehmen, um hierdurch dem heimlichen
Eigenhandel vorzubeugen [5]).

Sobald ein Taverneninhaber die Erlaubnis zum Zapf erhalten
hatte, mußte er vor seiner Tür einen sogenannten Maien, einen Kranz
aus frischen Blättern oder einen Strohwisch aufhängen [6]). Zur Zeit
durfte nur eine Weinsorte verzapft werden und auch nur zu dem von
der Behörde festgesetzten Preis [7]); das Quart stellte sich für gewöhnlich
auf 8 Pfennige bis 2 Schillinge [8]). Zur Anpreisung der Ware und
damit Gäste herbeizulocken, stellten die Wirte den sogenannten Weinrufer an; dieser hatte sich vor der Tür des Wirtes aufzuhalten und
Namen des Wirtes und des ausgeschenkten Weines auszurufen. Die
Weinrufer durften sich nur vor der Tür ihres Brotherrn aufhalten
und nicht für andere Wirte mitausrufen [9]). In anderen Städten zogen
sie herum und verdangen sich in den Wirtschaften, wo sie sich gerade
aufhielten, zum Ausrufen des Weines, der dem jeweiligen Wirt, in dessen
Taverne sie sich gerade befanden, gehörte. Im Sommer durfte nicht
vor 7 Uhr morgens mit Ausrufen begonnen werden; im Übertretungsfall war der Schenk. vor dessen Türe es geschah, mit 1 Gulden haft-

1) Stein a. a. O., Bd. II, Nr. 148, § 85.
2) Stein a. a. O., Bd. II, Nr. 114, § 10.
3) Stein a. a. O., Bd. II, Nr. 29.
4) Stein a. a. O., Bd. II, Nr. 114, § 3.
5) Stein a. a. O., Bd. II, Nr. 148, § 86.
6) Stein a. a. O., Bd. II, Nr. 114, XVI, § 7.
7) Stein a. a. O., Bd. II, Nr. 114, XVI, § 8.
8) Ennen, Gesch. a. a. O., Bd. II, S. 604.
9) Stein a. a. O., Bd. II, Nr. 148, § 90.

bar [1]). Der Weinrufer wurde vom Wirte beköstigt und erhielt für
jedes ausgeschenkte Fuder 6 Schillinge [2]). Jede Vermittlung im Wein-
geschäfte und Annahme von Geschenken war ihnen verboten. Natürlich war es für den Wirt von Wichtigkeit, das Amt des Weinrufers
in guten Händen zu wissen, da von ihrer Geschicklichkeit und Ge-
wandtheit der Besuch der Tavernen im wesentlichen abhing.

Das Leben in den Tavernen selbst war von der Behörde relativ
freigelassen; wenigstens für Köln lassen sich Bestimmungen dieser
Art nicht nachweisen, etwa wann der Wirt sein Lokal zu schließen,
was für Speisen er verabreichen durfte, oder wie sich die Gäste zu
betragen hatten. In dieser Beziehung scheint der rheinischen natür-
lichen Ungebundenheit manche Konzession gelassen zu sein.

Ein wichtiges Kapitel im Kölner Weinhandel bildet die Organisation der Weinsteuern und Abgaben. Sowohl die Weineinfuhr wie
auch der Weinzapf wurden von mehreren Steuern getroffen: die Weineinfuhr von dem Rutenpfennig und der Weineinfuhrakzise, der Weinzapf von einer Weinzapfakzise. Da im Mittelalter allgemein die städtischen Einnahmen aus Ertragssteuern gezogen wurden, so ist es natürlich, daß die Stadt ihren ausgedehnten Weinhandel und Weinzapf zur
Grundlage ihres ganzen Steuersystems machte; kein anderer Gewerbe-
zweig wurde nach so viel verschiedenen Richtungen und so detailliert
zur Besteuerung herangezogen wie Weinhandel und Zapf.

Ursprünglich war dem Erzbischof die Erhebung einer Weinsteuer vom Kaiser verliehen. Im Jahre 1258 erhob indes auch die Stadt
eine Steuer, wodurch sie in Konflikt mit dem Klerus kam. Dieser
endigte damit, daß die Stadt dem Klerus das Erhebungsrecht entzog.
Um das Jahr 1370 hatte sich das Steuersystem des Weinhandels und
Zapfes ungefähr so herausgebildet, wie es während des Mittelalters
gehandhabt wurde [3]).

Der sogenannte Rutenpfennig wurde beim Messen des Weines
durch die Visierer erhoben und führte seinen Namen nach den Ruten
der Visierer. Er war eine Gebühr, die derjenige zu entrichten hatte,
der den Dienst eines Visierers in Anspruch nahm und da jeder importierte Wein mit städtischen Ruten gemessen werden mußte, eine
Zwangsgebühr für die Annehmlichkeit eines garantiert richtigen Maßes.

---

1) Stein a. a. O., Bd. II, Nr. 114, XVI, § 7.
2) Stein a. a. O., Bd. II, Nr. 148, § 86.
3) Richard Knipping, Die Kölner Stadtrechnungen des Mittelalters.
Bd. I, S. XLIII.

Nach erfolgter Messung wurde der Wein mit einer die Quantität angebenden Marke versehen.

Der Rutenpfennig wird zum ersten Male im Jahre 1309[1]) eingeführt. In diesem Jahre hatten fünf Kölner Bürger den Rutenpfennig vom Rate für sieben Mark wöchentlich auf zwei Jahre gepachtet. Der Gebührensatz betrug zwei Denarien von jedem Stückfaß. Für die rechtzeitige Ablieferung der Summe stellte jeder Pächter der Rentkammer zwei Bürgen, die im Falle der Nichtzahlung seitens der Pächter in Schuldhaft genommen werden konnten[2]). Mit der Ausbreitung des Weinhandels stieg die Höhe der Pachtsumme und gleichzeitig trat in den Gebührensätzen eine Differenzierung ein. Eine Ordinanz des Rates vom Jahre 1400 bestimmt, daß man von jedem Stück Wein bis zu $2^1/_2$ Ohm weniger 6 Viertel ein Solidus, darüber hinaus zwei Solidi nehmen soll; von jedem kleinen Faß 12 Pfennige[3]). Im Jahre 1390 wurde der Rutenpfennig an drei Bürger wöchentlich für 59 Mark unter gleichen Bedingungen wie 1309 verpachtet[4]); im Jahre 1415 an einen Bürger für 58 Mark, im Jahre 1447 an zwei Bürger für 44 Mark[5]). Der Ertrag für die Stadtkasse war sehr bedeutend; z. B. 1379 brachte der Rutenpfennig eine Einnahme von 3946 Mark 5 Schillingen[6]). Als Oberaufsicht über die Pächter hatte die Stadt die Rentmeister gesetzt, die die Steuervorschriften zu überwachen und die Strafgelder einzuziehen hatten.

Dem Rutenpfennig ähnliche Gebühren waren das Kranengeld und der Bestadepfennig. Das erstere wurde für das Emporwinden der Waren aus dem Schiffe erhoben und war nach der ältesten erhaltenen Ordnung aus den 70er Jahren des 14. Jahrhunderts angesetzt wie folgt[7]): für ein Stück Wein von 1—3 Ohm 1 S., 4—7 Ohm 2 S., 8—10 Ohm 3 S., für ein Ohm oder für eine Tonne 8 Denarien.

Der „Stadepennick" stellte ursprünglich den Lohn für die Hülfeleistung der Ladeknechte beim Aufladen der Güter auf die Wagen dar, erweiterte sich jedoch später zu einer Exportsteuer und bildete eine Kontrolle über die ausgeführten Waren. Kölner Bürger waren von der Zahlung des Stadepennicks befreit; sie genossen sozusagen

1) Ennen, Quellen, a. a. O., Bd. III, Nr. 572.
2) Knipping a. a. O., Bd. I, S. XLV.
3) Stein a. a. O., Bd. II, S. 107, V.
4) Ennen, Quellen, a. a. O., Bd. VI, Nr. 1.
5) Stein a. a. O., Bd. II, S. 107, Anmerk. 1.
6) Beiträge zur Gesch. v. Köln (Festschrift) S. 154 ff.
7) Knipping a. a. O., Bd. I, S. LX.

eine Exportprämie: ebenso die Geistlichkeit und der Herzog von Jülich und seine Ritter; diese aber nur für Trankweine[1]). — Die Akzisesätze betrugen im 14. Jahrhundert für einen Wagen 6 Schillinge, für eine Karre 4 Schillinge[2]); für eine einspännige Karre 2 Schillinge. Von einer Karre, die mit Wein von 3 Ohm geladen war, wurden 2 Schillinge erhoben, von 1 Ohm 8 Pfennige, von 1 Tonne 6 Pfennige[3]).

Von großer Bedeutung war die Weineinfuhrakzise. Sie wird vor dem Jahre 1370 nicht erwähnt, bis dahin gab es nur eine Weinzapfakzise; im Jahre 1370 wurde sie gegen die Aristokratie, die Vertreterin des Weingroßhandels, eingeführt, dann wieder abgeschafft und 1376 infolge finanzieller Schwierigkeiten der Stadt von der Aristokratie selbst wieder eingeführt[4]). Obgleich sie anfangs nur so lange erhoben werden sollte, bis die Finanzlage der Stadt sich gebessert hätte, wurde sie späterhin doch beibehalten und bildete von 1394 an die wichtigste Einnahme der Stadt. Die Weineinfuhrakzise wurde nur von Bürgern erhoben, nicht von Fremden. Da aber in Köln bei jedem Weinhandel Bürger als Unterkäufer fungierten, so wurde tatsächlich jeder eingeführte Wein von der Akzise getroffen, es sei denn, daß die Waren eines fremden Kaufmanns unverkauft blieben und die Stadt wieder verließen. Zuwiderhandlungen wurden aus fiskalischem Interesse sehr strenge geahndet; es stand darauf Verbannung auf ein Jahr und, wenn der Betreffende vor der abgelaufenen Zeit in die Stadt zurückkehrte, eine einjährige Haft in einem städtischen Turm.

Im Anfang des 15. Jahrhunderts wurde die Akzise auf den Wein in Anwendung gebracht, den Bürger zu Lande oder zu Wasser an der Stadt vorbeiführten[5]); diese Maßregel war dem Bestreben entsprungen, Köln im weitesten Umkreis zur Zentrale des ganzen niederrheinischen Weinhandels zu machen. Wie weit dieser Einfluß ging, beweist die Tatsache, daß im Jahre 1478 drei Kölner Kaufleute ihren Wein, den sie von der Mosel nach Brabant verfrachten wollten, der Kölner Weinimportakzise unterwerfen mußten[6]). Der innerhalb Kölns gewachsene Wein blieb abgabefrei; ebenso der Wein von Weinbergen, die zur

---

1) Stein a. a. O., Bd. II, S. 112, § 3. Knipping a. a. O., Bd. I, S. LXI.
2) Knipping a. a. O., Bd. I, S. LXII; Stein a. a. O., Bd. II, S. 112, § 2.
3) Stein a. a. O., Bd. II, Nr. 62, § 27.
4) Knipping a. a. O., Bd. I, S. XLV.
5) Stein a. a. O., Bd. II, Nr. 90.
6) Knipping a. a. O., Bd. I, S. XLVI.

Stadt gehörten, wenn sie auch jenseits der Stadtgrenze gelegen waren [1]).

Der Gang der Erhebung war folgender: Aller Wein vom Rhein her konnte nur durch das Salzgassentor in die Stadt gebracht werden; hier hatte der Akziseneinnehmer seinen Stand. Dieser gab dem passierenden Händler ein Zeichen, worauf wahrscheinlich Zahl und Größe der Fässer und der zu bezahlende Betrag der Akzise vermerkt waren [2]). Daneben führte er ein Buch, in das er dieselben Eintragungen zu machen hatte, und das er Samstags auf der Rentkammer abzuliefern hatte. Nach dem Buche wurden sodann die einzelnen Akzisepflichtigen herangezogen. Wie erwähnt, hatten die Wirte und Unterkäufer von der Vermittelung eines jeden Weingeschäftes der Rentkammer Anzeige zu machen. Anfangs genügte diese Art der Erhebung, als aber der Weinhandel mehr und mehr zunahm, zeigten sich Mängel durch die große Zahl von Unterschleifen. Es wurden darum mannigfache Reformen und Kontrollmaßregeln getroffen, bis am Ende des 15. Jahrhunderts die Steuer folgendermaßen gehandhabt wurde: Wenn der Wein aus dem Schiff durch die Kranen ausgeladen oder sonst an Land gebracht war, mußte der Kranenmeister ein Verzeichnis aufstellen über die Stückzahl, Größe und Eigentümer der Fässer; dieses Verzeichnis gab er jeden Abend dem Akziseeinnehmer am Salzgassentor [3]).

Im Jahre 1487 wurden von der Stadt vier sogenannte Beseher angestellt, von denen jedem ein bestimmter Stadtteil zugewiesen war. Diese hatten in den Kellern der Bürger herumzugehen und die Quantität Wein, die jeder Bürger im Keller hatte, genau festzustellen; sie hatten über das Ergebnis ihrer Kontrolle genau Buch zu führen. Der Akziseeinnehmer durfte erst dann dem Wein importierenden Kaufmann ein Weinzeichen geben, wenn er von dem betreffenden Beseher, in dessen Bezirk der Wein eingelagert werden sollte, einen Schein mit der Angabe erhalten hatte, wieviel Wein der importierende Bürger schon bei sich lagern habe [4]). Sie hatten sich dann am Tage darauf in den Keller dieses Bürgers zu begeben und eine Aufstellung zu machen [5]). Auf diese Weise konnte sich die Rentkammer jederzeit über das Quantum Wein, das bei einem Bürger lagerte, vergewissern.

1) Stein a. a. O., Bd. II, S. 141.
2) Stein a. a. O., Bd. II, S. 107, VI.
3) Stein a. a. O., Bd. II, S. 459, § 5 a.
4) Stein a. a. O., Bd. II, S. 627, § 5.
5) Stein a. a. O., Bd. II, S. 628, § 6.

Wenn Weine zu Schiff exportiert werden sollten, so notierte der Beseher die Stückzahl und Inhalt und gab dem Bürger hierüber ein Zeichen. Dieser hatte es dem Akziseeinnehmer zu bringen, der darüber in seinem Buche die nötige Eintragung machte, auf die Rückseite noch ein besonderes Vermerk druckte und es an den Kranenmeister weitergab. Jeden Samstag hatte der letztere die eingegangenen Zeichen auf die Rentkammer zu bringen [1]. Wurde der Wein zu Lande exportiert, so gab der Akziseeinnehmer das Zeichen nicht an den Kranenmeister, sondern an den Bestader, der den Kranenmeister am Lande vertrat, der alsdann dem Fuhrmann einen Erlaubnisschein zum Export auszustellen [2] hatte. Über die Höhe der Weineinfuhrakzise sind Angaben erst aus dem Jahre 1384 bekannt; sie betrug 8 Schillinge für jedes Fuder. Im Laufe der Zeit war sie mehrfachen Schwankungen unterworfen.

Die andere große Einnahmequelle der Stadt war der Ertrag der Weinzapfakzise. Sie wird schon im Jahre 1206 und 1240 erwähnt [3] und gehört damit zu den ältesten indirekten Steuern Kölns. Dann kommt sie erst wieder in einer Verordnung des Rates von 1363 vor. Nach ihr wurde jeder Bürger dazu angehalten, bei Strafe einer vierjährigen Verbannung von jedem Fuder das als Akzise zu zahlen, was ein Viertel von der verzapften Quantität Wein Geldeswert habe [4]. In den folgenden Jahren wird die Erhebung bisweilen eingestellt, bisweilen erscheint sie zusammen mit der Weineinfuhrakzise, z. B. von 1392 bis 1394. Erst im Jahre 1417 wurde sie zu einer dauernden Einrichtung, aber nicht ohne schweren Widerstand seitens der Bürgerschaft, die sich durch die Höhe der Akzise in hohem Maße bedrückt fühlte [5].

Im Jahre 1443 wurde der Nachfüllewein oder wie er genannt wurde, der weiße vullewijn [6], zur Besteuerung herangezogen; seit 1476 auch der Haustrunk oder der sogenannte „drankwin" [7]; jeder Bürger hatte danach von jedem Fuder Wein, das er in Gestalt des „drankwin" zu Hause hatte, 8 Mark, jeder Wirt dagegen 16 Mark Zapfakzise zu geben.

Auf Grund einer Ordinanz von 1401 wurde die Erhebung der Weinzapfakzise folgendermaßen gehandhabt [8]: Jeder Bürger, der zu

---

1) Stein a. a. O., Bd. II, S. 628, § 10.
2) Stein a. a. O., Bd. II, S. 628, § 9.
3) Knipping a. a. O., S. XLVII.
4) Stein a. a. O., Bd. II, Nr. 40.
5) Stein a. a. O., Bd. II, S. 224, Anmerk.
6) Stein a. a. O., S. 304. Knipping a. a. O., Bd. I, S. XLXIII.
7) Stein a. a. O., Bd. II, Nr. 383, § 11 und § 12.
8) Stein a. a. O., Bd. II, S. 304; Bd. II, Nr. 89.

zapfen gesonnen war, hatte sich durch die Weinschule das dazu nötige
Gesinde zu mieten und auf dem Rathaus ein Zeichen zu holen[1]).
Nach dem Zapf brachte er das Zeichen zurück und zahlte auf der
Rentkammer die Akzise. Zur Kontrolle des Zapfes war ein Beseher
angestellt; dieser hatte in den einzelnen Kellern herumzugehen und
darauf zu achten, daß niemand ohne ein Zeichen oder den vorschrifts-
mäßigen „Maien" über seiner Tür den Zapf ausführte; wer ohne eines
dieser Zeichen zapfte, verfiel jedesmal in eine Strafe von 18 Mark[2]).
Wenn ein Zapfer seinen Zapf früher als am Zahltag der Freitags-
kammer, der Kasse, die die Zapfakzise anzunehmen hatte, beendigt
hatte und dann sofort neues Gesinde für einen neuen Zapf mieten
wollte, so mußte er den Rheinmeistern schwören, am folgenden Freitag seine rückständige Akzise zu entrichten. Wenn ein Zapf aber
länger als drei Monate dauerte, so hatte eine Teilzahlung der Akzise
zu erfolgen, und zwar am Ende eines jeden dritten Monats[3]).

Auch bei dieser Akzise machten sich bei zunehmender Ausdehnung des Weinhandels Erweiterungen der Kontrollmaßregeln notwendig. Im Jahre 1471 gibt es drei Beseher[4]), im Jahre 1476 sogar
vier[5]), später gehen sie auf zwei herunter, um 1487 wieder auf vier gebracht zu werden. Den Besehern waren ebenfalls bestimmte Bezirke
zugewiesen, die sie täglich abzugehen hatten. Die Akzise wurde nur
monatlich entrichtet, und die Rheinmeister durften einem Zapfer nicht
eher neues Gesinde vermieten, als bis er seine Akziseschuld vom
letzten Zapf beglichen hatte[6]).

Im Gegensatz zur Weineinfuhrakzise richtete sich die Weinzapfakzise nach der Qualität, nicht nach der Quantität des Weines.
Es wurde von jedem Fuder der Geldwert von vier Vierteln der betreffenden Sorte erhoben[7]); in einzelnen Jahren auch von einem
Ohm[8]). Seit 1425 wurde die Akzise auf sechs Viertel für jedes Fuder
ermäßigt[9]); im Jahre 1481 sogar auf zwei Viertel vom Ohm als Folge
des erwähnten Bürgeraufstandes[10]).

1) Stein a. a. O., Bd. II, Nr. 89, § 7.
2) Stein a. a. O., Bd. II, Nr. 89, § 8.
3) Stein a. a. O., Bd. II, Nr. 247.
4) Stein a. a. O., Bd. II, Nr. 320.
5) Stein a. a. O., Bd. II, Nr. 383.
6) Stein a. a. O., Bd. II, Nr. 383, § 6.
7) Stein a. a. O., Bd. II, Nr. 40.
8) Knipping a. a. O., S. XLVIII.
9) Stein a. a. O., Bd. II, Nr. 145, § 1.
10) Stein a. a. O., Bd. II, Nr. 261, § 8.

Die angegebenen Steuersätze fanden nur auf Rhein- und Mosel-
weine Anwendung; Weine aus Frankreich und die heißen Südweine
Spaniens wurden nach ihrer Qualität höher besteuert. Hierbei kommen
hauptsächlich der Romanie und Malvasier in Betracht, daneben Claret,
Bastert und Muskateller. In den Einfuhrverzeichnissen gehören die
Südweine zu den sogenannten Drugwaren oder trockenen Waren: nach
heutigen Begriffen zu den Kolonialwaren. Die Steuer war auf diese
niedriger als auf Weine, weswegen zahlreiche Steuerhinterziehungen
in Gestalt von täuschenden Verpackungen versucht wurden [1].

2. In den außerhansischen Produktionsgebieten: Straßburg, Nürnberg, Ulm.

Im außerhansischen Produktionsgebiete des südlichen Deutschlands kommen als Mittelpunkte der Weinkulturen drei Städte in Betracht: Straßburg, Nürnberg und Ulm. Von diesen drei Städten war
jede das Zentrum der Produktion einer bestimmten Weinart, und
zwar Straßburg für die elsässer, Ulm für die schwäbischen und
Nürnberg für die Frankenweine. Eine Gesamtbetrachtung wenigstens
der Organisation des städtischen Weinhandels ist insofern gerechtfertigt, als dieselbe in allen drei Städten naturgemäß verwandte Züge
trägt und die ungenauen urkundlichen Angaben über Einzelheiten der
Organisation in der einen Stadt durch Ergänzungen aus dem Urkundenmaterial aus der anderen Stadt in willkommener Weise klar-
gestellt werden können.

Für Straßburg war durch seine geographische Lage die Benutzung des Rheines zum Transport seiner Weinerzeugnisse vorge-
schrieben; elsässer Weine gelangten auf diese Weise über Köln nach
Flandern und England. Während der Handel Straßburgs sich vor-
zugsweise in einer Richtung bewegte, ist Nürnberg, die Stadt mit aus-
gesprochenem Zwischenhandel, der, und mit ihm der Weinhandel,
seinen Weg nach allen Richtungen strahlenförmig nahm. Für Deutschland war Nürnberg das Bindeglied im Welthandel zwischen dem
Orient, Italien einerseits und dem Norden und den Städten des hansischen Bundes andererseits. Die Entwicklung des Nürnberger Handels
beginnt mit dem Ende des 13. Jahrhunderts. Schon jetzt ist die
strahlenförmige Ausbreitung seines Handels an den zahlreichen Zoll-

---

1) Knipping a. a. O., Bd. I, S. XLIX.

abschlüssen erkennbar, die es mit den verschiedensten Ländern vollzog: Ungarn, Italien, der Schweiz und den Niederlanden. Sie alle traten in ein festes Handelsverhältnis mit der Nürnberger Metropole [1]). Nürnberg konnte jetzt seine Kraft dem Ausbau seiner Handelsbeziehungen im weiteren Sinne widmen; im 15. Jahrhundert gesellte sich Frankreich und Portugal obigen Ländern hinzu [2]). Der italienische Handel blühte mächtig auf; Nürnberger Kaufleute besorgten die Verfrachtung von Leder, Öl und Wein aus Italien nach Mitteldeutschland, wo die Leipziger, Erfurter und Breslauer Messen den weiteren Vertrieb nach Norddeutschland übernahmen [3]).

Wichtig und kennzeichnend für diese Epoche sind die vermehrten Handelsbeziehungen zwischen Nürnberg und der deutschen Hanse. Das Bindeglied des hansisch-nürnbergischen Handels bildete Erfurt [4]). Es war der Mittelpunkt für die Güter, die von den Seestädten nach Nürnberg, Augsburg und Italien, und dann von Leipzig nach dem Rhein, Frankfurt am Main und den Niederlanden versandt wurden [5]). Ein nicht unbedeutender Handelsartikel war der Wein; er gehörte einem der wenigen 'Handelszweige an, die sich in Nürnberg und Erfurt auf ihren Wegen kreuzten; von Süden kamen die italienischen, von Norden durch die Hansen die französischen Weine. Letztere nahmeɲ meistenteils ihren Weg über Lüneburg, Erfurt nach Frankfurt und Nürnberg.

Während von Straßburg aus der Weinhandel in nordwestlicher Richtung, in Nürnberg von Norden nach Süden und umgekehrt ging, wandte er sich von Ulm aus, dem Laufe der Donau folgend, dem Osten zu. Da in Ulm und den benachbarten schwäbischen Gauen die Eigenproduktion blühte, spielte der Handel mit einheimischen Weinen naturgemäß die hervorragendste Rolle.

Der Weinhandel Schwabens läßt sich in seinen Anfängen bis ins 9. Jahrhundert zurückverfolgen [6]) und erreichte seinen Höhepunkt gleichzeitig mit der Blüte der deutschen Hanse. Zu einer Zeit, als die beiden großen Wirtschaftszentren des Mittelalters, die Städte im Hansebund im Norden und die oberdeutschen Städte mit ihren unerschöpf-

---

1) Roth, Geschichte des Nürnberger Handels 1800, 1. Teil, S. 24 ff.
2) Roth a. a. O., S. 109.
3) Roth a. a. O., S. 111.
4) Roth a. a. O., S. 105.
5) v. Dalberg, Beiträge zur Gesch. d. Erfurter Handlung, S. 7.
6) Nübling, Ulms Weinhandel im Mittelalter, S. 1.

lichen Hilfsquellen und dem Reichtum ihrer Großkaufmannsfamilien im Süden, vermöge der ihnen innewohnenden Macht den deutschen Handel im gegenseitigen Austausch zu einer Höhe emporführten, die er erst in unserer Zeit wiedererlangt hat. Ein lebhafterer Handelsverkehr mit Wein entwickelte sich in Ulm im 13. Jahrhundert[1]). Die Weinzufuhr erfolgte größtenteils aus zwei Richtungen, aus dem Südwesten und aus dem Süden. Aus Südwesten kamen die Weine aus dem engeren Schwabenlande, aus dem Neckartal, dem Rheintal und dem Elsaß auf der Straße, die aus den Niederlanden durch das Rheintal über Eßlingen und Geislingen nach Ulm führte Diese Straße war gleichzeitig die älteste Poststraße Deutschlands[2]). In Geislingen und in Eßlingen waren Zollstationen, oder Zentralen der einheimischen Weinproduktion. Da Geislingen zur Ulmischen Herrschaft gehörte[3]), so flossen die Erträge aus dem Zoll, die recht bedeutend waren, Ulm zu. Es sind genaue Angaben über den Geislinger Zoll erhalten, die gleichzeitig den großen Anteil, den der Wein an dem verzollten Durchgangsgut hatte, zur Genüge klar legen[4]). Für jedes Pferd an einem Weingespann war ein Schilling zu hinterlegen; im 14. Jahrhundert genoß Ulm ebenfalls die Zolleinnahmen aus den kleinen Orten seiner Umgebung, wie Heidenheim, Hohenmemmingen, Natten, Izelberg und Machtolsheim[5]).

Für die Weine des Neckartals war Eßlingen der größte und bedeutendste Handelsplatz[6]). Ein Seitental des Neckar, das Remstal, führte seine Weine über Heidesheim an die Donau; in Heidesheim gabelte sich der Weg nach Nördlingen, Bopfingen, Dinkelsbühl im Norden, und nach Aalen und Ellwangen im Nordosten[7]). Diese Straßen, die lediglich nur für den lokalen schwäbischen Verkehr in Betracht kommen, geben ein treffliches Bild von der außerordentlich entwickelten Handelstätigkeit des Schwabenlandes.

In Ulm mündeten die Straßen, die von auswärts die Waren heranführten; von Weinen stand neben den einheimischen Sorten der Rheinwein in hohem Ansehen. Der Weg, den der Rheinwein zurücklegte, ging von Cannstatt über Eßlingen, Göppingen nach Ulm; in

---

1) Nübling a. a. O., S. 9.
2) Pfaff, Geschichte Eßlingens, S. 216.
3) Nübling a. a. O., S. 10.
4) Jäger, Ulms Verfassungsleben, S. 374.
5) Jäger a. a. O., S. 372.
6) Pfaff a. a. O., S. 216.
7) Nübling a. a. O., S. 11.

Cannstatt mündete die Straße von Heidelberg über Heilbronn und von Speyer über Brackenheim. Die Straße über Heilbronn ward am meisten befahren, sie diente meist als Weg zur Frankfurter Messe [1].

Für die Weine Tirols endlich, die in den Ulmer Urkunden viel erwähnt werden, ist ein genauer Weg nicht festzustellen.

Die Ausfuhr der in Ulm vertriebenen Weine nahm größtenteils die Richtung nach den Donauländern; an der Donau waren die bedeutendsten Handelsplätze Ingolstadt und mehr noch Regensburg: letzteres trieb einen regen Weinhandel über München nach Tirol und dem Süden [2]. Auf der Donau führte der Handel Wein von Ulm, Ingolstadt und Regensburg nach Ungarn, der Walachei bis nach Bulgarien und der Türkei.

Endlich erscheinen auch Frankenweine aus den Tälern des Main und der Tauber auf den Ulmer Markt; doch nahmen sie nie die Bedeutung wie die einheimischen Sorten für sich in Anspruch.

Bei der Bedeutung, welche der Weinhandel für alle drei Städte besaß, war der Rat jeder einzelnen schon frühzeitig darauf bedacht, den Handel und Verkehr, sowie den Zapf und den Verkauf in der Stadt durch Vorschriften und Verordnungen in eine feste Organisation zu bringen. Der Mittelpunkt des städtischen Weinverkehrs bildete naturgemäß der Weinmarkt. Über seine Entstehung ist nichts Genaues überliefert: in einer Urkunde von 1424 wird der Ulmer Markt [3] als eine schon lange bestehende Einrichtung bezeichnet. Spätestens muß seine Entstehung in die Zeit der allgemeinen Entwicklung des Ulmer Handels verlegt werden, also ungefähr an das Ende des 12. Jahrhunderts. Da für die wirtschaftliche Entwicklung der oberdeutschen Städte nahezu die gleichen Faktoren maßgebend gewesen sind, so ist diese Zeit auch für die Einrichtung des Nürnberger und Straßburger Weinhandels anzunehmen.

Aller Wein, der in die Stadt gebracht wurde, mußte auf den Weinmarkt geführt und dort niedergelegt werden [4]. Je nach der Richtung, aus der der Wein kam, wurde ihm ein Platz angewiesen. Die Straßburger Weinsticherordnung von 1463 bestimmte [5]. daß alle Weine, die von der Zorn her, also aus westlicher Richtung, herangeführt

---

1) Jäger a. a. O., S. 716.
2) Nübling a. a. O., S. 12.
3) Nübling a. a. O., S. 22.
4) Nübling a.a.O., S. 22; Baader, Nürnberger Polizeiverordnungen, S. 202.
5) Brucker, Zunft und Polizeiverordnungen Straßburgs, S. 525.

werden, auf der Seite des Marktes abgeladen werden, auf der das Haus von Ottomar Frankenheim lag. Daneben entschieden auch die Quantitäten über den Ort der Niederlegung; in Straßburg hatten die halben Fuder und Vierlinge ihren Platz bei der sogenannten Elendenherberge, einer für die Unterkunft armer Reisender gestifteten, am Weinmarkt gelegenen Anstalt.

Wenn Bürger selbstgezogenen Wein an die Stadt brachten, so mußten sie vor dem Abladen erst das Ungeld entrichten; den fremden Kaufleuten war dagegen das sofortige Abladen erlaubt, vorausgesetzt, daß sie auf die Einlagerung im Keller verzichteten [1]). Diese allgemeinen Vorschriften gelten für Straßburg und Ulm. Wenn jeder Händler, einheimischer wie fremder, gehalten war, seinen Wein auf den Weinmarkt zu führen, wobei es gleichgültig war, ob es sein eigenes Gewächs war, oder ob er ihn eingekauft hatte, so ging man dabei von der richtigen Voraussetzung aus, daß der Stadt ein großer Ausfall an Zöllen und Torabgaben erwachsen würde, wenn den Weinbauern oder Wirten gestattet sein würde, ihren Wein auf dem Lande ein- oder zu verkaufen. In Straßburg [2]) ließ sich der Rat auch noch außerdem von der Erwägung leiten, daß, wer einmal in die Stadt zum Einkauf gekommen sei, auch geneigt wäre, zu Nutz und Frommen der Straßburger Bürger Einkäufe anderer Art zu besorgen. In Nürnberg waren allerdings Weine, die ausdrücklich als Durchfuhrgut bezeichnet waren, von der Lagerung auf dem Weinmarkt ausgeschlossen; Ausnahmen konnte der Ungelter insofern machen, als er den Kaufleuten nach vorausgegangener Anzeige das Niederlegen des Weines auf dem Weinmarkt erlauben durfte [3]).

Hierbei spielte wohl der Umstand mit, daß die Stadt fürchtete, an den Einnahmen des Ungelds und anderen Abgaben zu verlieren, wenn Käufer den als Durchgangsware bezeichneten Wein nicht kaufen konnten, sondern warten mußten, bis derselbe die Stadt wieder verlassen hatte. Zuwiderhandlungen wurden mit dem doppelten Ersatz des Ungelds bestraft. Wenn der Wein unverkauft geblieben war, so durfte er nicht vom Markte fortgeschafft werden [4]), sondern mußte dort bis zum nächsten Verkaufstag lagern, da dieses Verfahren leicht zu einer unlauteren Konkurrenz führen konnte; der Übertreter hatte das Ungeld zu ersetzen und für jeden Eimer fortgeschafften Weines

1) Baader a. a. O., S. 203.
2) Brucker a. a. O., S. 554.
3) Baader a. a. O., S. 243.
4) Baader a. a. O., S. 242.

ein Pfund neuer Heller Strafe zu zahlen. Demjenigen, der beim Um-
und Abladen der unverkauft gebliebenen Weine behilflich war, war
das Betreten der Stadt in einem Umkreise von drei Meilen auf zwei
Jahre verboten.

Zur Aufrechterhaltung der Ordnung auf dem Markt und zur
Sicherung des aufgestapelten Weines gegen Diebstahl waren von der
Stadt Wächter angestellt, die in einem auf dem Markte befindlichen
Hause ihres Amtes zu walten hatten. In Straßburg hieß dieses Haus,
in dem drei Knechte von 3 Uhr morgens an ununterbrochen anwesend
zu sein hatten, um von dort aus das An- und Abfahren der Wein-
transporte kontrollieren zu können und das Wegfahren unverzollten
Weines zu verhindern, der Pfennigturm[1]); in Ulm befand sich auf dem
Markte eine Wächterbude[2]), in der ein Wächter die Nacht verbrachte.
Er hatte jede Stunde einen Rundgang zu unternehmen und sich von
dem guten Zustand der ihm anvertrauten Fässer zu überzeugen. Bezahlt wurde er von den Wagenleuten, und zwar erhielt er 3 Heller
für jeden Wagen. Für Nürnberg finden sich solche Aufseher in den
Urkunden nur angedeutet. Der Markt selbst beschränkte sich nur
auf bestimmte Tage der Woche, in Ulm auf den Samstag; doch durften
die Fässer schon am Freitag herangefahren werden und in der Nacht
von Freitag auf Sonnabend auf dem Markte lagern[3]). Die Zeit der
Eröffnung des Marktes richtete sich nach der Jahreszeit; im Sommer
um 7 Uhr, im Winter um 8 Uhr morges[4]). Mit Beginn des Marktes
wurde ein Fähnchen aufgezogen[5]). und solange dieses Fähnchen wehte,
wurden alle Vergehen auf dem Weinmarkt doppelt bestraft. In Ulm
war von Michaelis bis Ostern nach 5 Uhr abends und von Ostern bis
Michaelis nach 8 Uhr abends jeder Verkehr auf dem Weinmarkt ohne
brennendes Licht verboten. Zuwiderhandelnde wurden als Diebe angesehen. Der Schluß des Marktes hing scheinbar von den Käufern
ab und konnte wohl nach der obigen Vorschrift über den Gebrauch
von Licht bis zur Polizeistunde ausgedehnt werden. Es ist anzunehmen, daß sich das Hauptgeschäft bis mittags abgewickelt hatte,
denn in Straßburg mußte für alle Geschäfte, die nach 12 Uhr mittags
abgeschlossen wurden[6]), eine besondere Erlaubnis eingeholt werden.

---

1) Brucker a. a. O., S. 525.
2) Nübling a. a. O., S. 23.
3) Nübling a. a. O. S. 22.
4) Brucker a. a. O., S. 587; Nübling a. a. O., S. 23.
5) Nübling a. a. O., S. 23.
6) Brucker a. a. O., S. 541.

Um die Zentralisierung des Handels auf dem Weinmarkt wirksam zu gestalten, — jeder, der seinen Wein nicht hier einkaufte, verfiel in eine Strafe von 5 Pfund und wurde noch auf ein Jahr aus der Stadt verbannt — schenkte der Rat der rechtmäßigen Abwicklung der Geschäfte große Aufmerksamkeit. In Straßburg wurden alle Personen, die nur in dem Verdacht standen, den Weinhandel wucherisch auszubeuten, vom Markte ferngehalten; dagegen stand ihnen der Verkauf in eigenen Kellern auf das Risiko der Käufer hin frei. Wenn Wein unverkauft blieb, so durften sie ihn erst nach 14 Tagen zu gewöhnlichen Preisen auf den Markt bringen oder ihn aus der Stadt ausführen. Wahrscheinlich sollte diese Maßnahme abschreckend wirken, da eine Verzögerung von 14 Tagen namentlich in der Hauptverkaufszeit immerhin einen empfindlichen Schaden bedeutete. Eine beliebte Art betrügerischen Weingeschäftes wird in den Straßburger Polizeiverordnungen erwähnt, das, hiernach zu schließen, in großem Stile angewandt wurde[1]): Ein Bürger und ein Auswärtiger tun sich zusammen, um Wein zu verkaufen und der Bürger sucht den Wein loszuschlagen, als ob er der Eigentümer wäre. Durch dieses Verfahren erwuchs der Stadt insofern großer Schaden, als der Bürger seinen Wein auf dem Markte zollfrei verkaufen durfte, während der fremde Händler Zoll zu entrichten hatte. Die hiergegen beabsichtigte Untersagung jedes gemeinschaftlichen Geschäftes zwischen einem Bürger und einem Fremden unterblieb, da eine solche Bestimmung jede größere Ausdehnung des Handels unmöglich gemacht haben würde; man begnügte sich daher mit einer Strafe von zwei Pfund und ein Pfund vom Fuder, wobei die eine Hälfte der eingegangenen Gelder der Stadt, die andere den Weinstichern in ihrer Eigenschaft als Marktpolizei zufiel. In Straßburg kannte man auch die Einrichtung der schwarzen Liste, auf die die Namen aller derjenigen gesetzt wurden, die sich Defraudationen auf dem Weinmarkt hatten zuschulden kommen lassen[2]). Neben dem Weinmarkt bestanden noch andere Zentralpunkte des Weingeschäftes; hierher ist der sogenannte Weinstadel in Ulm zu rechnen. Dagegen beschränkte sich in Nürnberg und Straßburg der städtische Weinhandel auf den Weinmarkt und die Keller der Wirte.

Der Weinstadel war eine städtische Anstalt zur Unterbringung solcher Weine, die in die Stadt gebracht waren, um gar nicht oder erst später weiterverhandelt zu werden. Der Weinstadel diente dem Durchgangs- und Großhandelsverkehr und befreite jeden Einleger von

---

1) Brucker a. a. O., S. 555.
2) Brucker a. a. O., S. 562.

der städtischen Besteuerung; er repräsentiert also eine Einrichtung, wie sie in den heutigen Freilägern und Freihäfen wiedergekehrt ist. Der Stadel, der Namen leitet sich von stabulum [Warenhaus] her, war sehr alt; die ersten Andeutungen finden sich schon in Urkunden aus dem Jahre 1255[1]), direkt als Hof wird er 1348 erwähnt. Nicht zu verwechseln mit dem Weinstadel ist der Weinkeller, der zu Ende des 14. Jahrhunderts aus den Einnahmen und Schenkungen des städtischen Spitals angelegt wurde[2]); er stand mit dem Weinmarkt und dem Weinstadel in keinen Zusammenhang und wurde vom Spital aus verwaltet.

Die Vorschriften für die Benutzung des Weinstadels sind zahlreich und weitläufig. Nach Nübling[3]) mußte jeder Bürger und Fremde, der seine auf dem Weinmarkt gekauften Weine noch an demselben Tage aus der Stadt brachte, von jedem Eimer 6 Heller an den Stadelmeister entrichten; blieb aber der Wein eine Zeitlang im Stadel liegen, so erhöhte sich die Abgabe auf 8 Heller. Bei der Ausfuhr aus der Stadt waren von dem Eigentümer des Weines drei Zeichen am Tor abzuliefern: das des Stadelmeisters, der dasselbe dem Fasse bei der Einlieferung in den Stadel angehängt, das des Weinkaufschreibers, der die Fässer zu notieren hatte, und endlich das des Weinziehers. Beim Weineinkauf zu späterer Ausfuhr hatte der Käufer für jeden Eimer 4 Pfennige Stadelgeld zu geben.

Die Aufsicht über den Weinstadel führte der Weinstadelmeister; er hatte auf den im Stadel lagernden Wein zu achten, das Stadelgeld und den Weinzoll einzunehmen und die Beträge jeden Freitag auf das Steueramt zu tragen; ferner hatte er den Wein beim Ablassen auf seine Güte hin zu prüfen. Im übrigen war er dem Weinkaufschreiber unterstellt. Dieser hatte das Einkassieren der Gelder zu besorgen[4]). Endlich war dem Stadelmeister die Verwaltung und Ausgabe der von der Stadt an hohe Fremde geschenkten Ehrenweine übertragen; er hatte Namen der Fremden und das verabreichte Quantum zu notieren, da jeder Durchreisende nur einmal im Jahre Ehrenwein zu verlangen das Recht hatte. Die Verehrung geschah so, daß der Gastgeber, bei dem der Fremde abgestiegen war, dem Bürgermeister einen Zettel sandte; dieser schickte ihn unterzeichnet an den Stadelmeister weiter, worauf dieser das auf dem Zettel angegebene Quantum

---

1) Pressel, Urkundb. der Stadt Ulm, S. 96
2) Jäger s. a. O., S. 478.
3) Nübling a. a. O., S. 26 ff.
4) Nübling a. a. O., S. 27.

Wein dem fremden Gast zukommen ließ. Die Quantität des geschenkten Ehrenweines richtete sich nach dem Range des Empfängers; mehr als zwei Fässer durften aber nicht verabreicht werden.

Neben Weinmarkt und Weinstadel diente dem Weinhandel als dritte rein städtische Einrichtung das Eichhaus[1]. Es zählt zu den ältesten Einrichtungen Ulms und wird schon 1288 erwähnt. Das Personal bestand aus zwei Eichern, die nur gemeinsam das Eichgeschäft führen durften; dabei hatte aber jeder unabhängig von dem anderen jedes Faß zu eichen und die gefundenen Maße mitsamt dem Namen des Besitzers in ein Buch einzutragen. War die Eichung beendigt, so wurden die Resultate der beiden Eicher miteinander verglichen und danach das endgültige Maß festgestellt. Außer zum Eichen diente das Eichhaus auch noch zum Aufbewahren der leeren Fässer; hierfür hatte der Eigentümer 4 Heller „Behaltgeld" zu zahlen[2]. Auf Verlangen hatten die Eicher dem Stadtrechner eine Abrechnung über die Höhe des eingegangenen Eichgeldes und den Erlös aus dem Verkauf leerer Fässer vorzulegen. Ehrlichkeit und Fleiß war ihnen in ihrem verantwortungsvollen Gewerbe zur Pflicht gemacht.

Zur Überwachung der Vorschriften des Rates, zur Erhebung der Zölle und zur Regelung des Schankgewerbes, endlich zur Organisation der Hülfsgewerbe beim Weinhandel war vom Rat ein ausgedehnter Beamtenapparat eingesetzt, der in den einzelnen Städten in den Grundzügen das gleiche Gepräge zeigt. Je nachdem, ob der Handel sich mehr auf den lokalen Ausschank, auf den Zwischenhandel oder auf die örtliche Produktion konzentrierte, treten die einzelnen Abteilungen und Abstufungen dieser Weinhandelspolizei mehr oder weniger hervor. Die wichtigste Einnahmequelle aus dem Weinhandel bildeten die Erträge der Weinzölle, das Ungeld, das nach der Quantität, bisweilen auch nach der Qualität des zu verungeltenden Weines erhoben wurde. Die Bestimmung der Quantität war das Amt der Visierer. Ihre Anzahl schwankt; in Nürnberg waren es zwei[3]. Sie hatten an den Markttagen auf dem Weinmarkt anwesend zu sein und sich jedem, der ihre Hilfe in Anspruch nehmen wollte, sofort zur Verfügung zu stellen. An den anderen Tagen der Woche dienten sie dem Weinstadelmeister[4]. Wenn die Fässer mittels der Visierruten gemessen waren, wurden sie sogleich versiegelt; nur solche von den geschworenen

---

1) Nübling a. a. O.. S. 27.
2) Nübling a. a. O., S. 29.
3) Sander, Die reichsstädtische Haushaltung Nürnbergs, Bd. I, S. 240.
4) Nübling a. a. O., S. 22.

Visierern gesiegelten Fässer durften in den Handel gebracht werden[1]).
Das widerrechtliche Ablösen der Siegel war bei Geld- und Freiheitsstrafen verboten. Vergehen der Visierer, zu denen namentlich das
Falschmessen gehörte, wurden jedesmal mit 60 Heller bestraft, wobei
es gleichgültig war, ob es mit oder ohne Wissen des Visierers geschehen
war. Für das Visieren wurde eine Gebühr erhoben, und zwar in
Nürnberg für einen Eimer 1 Halblink auf dem Markt und 1 Heller
im Hause des Eigentümers. Die Gebühr war im voraus zu entrichten[2]).
In Ulm wurde die Visiergebühr nach der Qualität des Weines abgestuft; Malvasierwein kostete 4 Heller zu visieren; von gewöhnlichem
Wein wurden nur 2 Heller für das Faß erhoben; Ausfuhrwein kostete
3 Heller[3]). Die Hälfte der Einnahmen aus der Visiergebühr fiel der
Stadt zu und bildete einen Zuschlag zur Getränkesteuer. In Ulm ward
sie von dem sogenannten Siegler eingezogen, in Nürnberg mußte der
Visierer das Geld alle vier Wochen auf die Losungsstube tragen[4]).
Die andere Hälfte der Einnahmen gehörte den Ungeltern.

Die Ungelter hatten die Erhebung des Ungelds zu bewirken und
waren nach der Bedeutung ihres Amtes für den Stadthaushalt in allen
Städten besonders gut organisiert. Im Laufe der Jahre waren die
Erträgnisse der Getränkesteuern bedeutend angewachsen und bildeten
eine der hauptsächlichsten Einnahmen. In Ulm machte das Ungeld zusammen mit den Ergebnissen aus der Besteuerung des Visieramtes,
den Erträgnissen des Weinstadels und den Einkünften der Weinsticher
ungefähr ein Drittel der gesamten städtischen Einnahmen aus. Diese
Tatsache läßt gleichzeitig auf die Bedeutung und Ausdehnung des
Ulmer Weingeschäftes schließen. Die Einrichtung des Ungelds fällt
in die ersten Anfänge der städtischen Steuererhebung; sichere Nachrichten sind aus Ulm erhalten[5]). Die erste Erwähnung des Ulmer
Ungelds findet sich in einer Urkunde vom 9. August 1231, in der
Heinrich VII. Ulm, Eßlingen und Überlingen von Steuer, Zoll und Un-
geld befreit. In einer anderen Urkunde von 1255 wird das Ulmer
Ungeld als eine schon lange bestehende Einrichtung bezeichnet[6]). Aber

---

1) Baader a. a. O., S. 246.
2) Baader a. a. O., S. 207.
3) Nübling a. a. O., S. 22.
4) Sander a. a. O., Bd. I, S. 229. Die Losung war eine direkte Abgabe,
die bis in die zweite Hälfte des 15. Jahrhunderts unregelmäßig, von da ab jährlich erhoben wurde.
5) Pressel, Urkundenbuch der Stadt Ulm, S. 49.
6) Pressel a. a. O., S. 14.

eine einheitliche Ungeldordnung, deren Inhalt verwandte Bestimmungen wie die von Straßburg und Nürnberg aufweist, erhielt Ulm erst 1524[1]),

Die Erhebung des Ungelds erfolgte entweder auf dem Weinmarkte oder in den Kellern; in Nürnberg hatte der Ungelter beim Visieren dabei zu sein und nach Einhändigung des Ungelds dem Visierer sofort ein Siegel auf das verungeltete Faß zu drücken, damit nicht nachträglich noch unversteuerter Wein nachgefüllt werden konnte[2]). Von jedem verungelteten Wein war auf der Losungsstube Anzeige zu erstatten.

Während dieser Gang der Erhebung auch für Ulm anzunehmen ist, zeigt er in Straßburg eine kleine Abweichung, die mit der Ausbildung des Maklerwesens zusammenhängt. Hier hatte der Makler, nicht der Händler das Ungeld zu entrichten. Darauf händigte der Makler dem Händler eine Marke als Quittung dafür ein, daß der Wein zum Verkauf zugelassen sei[3]). Das Versiegeln der Fässer, das für die Unversehrtheit des Inhalts immerhin eine größere Sicherheit bot, fiel in Straßburg fort. Die Ungelter hatten nur den Namen des Käufers zu notieren und über den Abschluß des Kaufes in ein dazu bestimmtes Register eine Eintragung zu machen. Die Höhe des Ungelds war nach der Qualität und der rechtlichen Stellung des Händlers, ob Bürger oder Fremder, abgestuft[4]). In Nürnberg wurden für die leichten Landweine, zu denen man die fränkischen, Neckar- und Tauberweine rechnete, von jedem Fuder 2 Gulden erhoben, von schweren Elsässer- und Rheinweinen 3 Gulden, von französischen Weinen 5 Gulden, von Wein aus Rivoglio, dem Veltlin und Bassano, 6 Gulden, endlich von Romaniewein und Muskateller 8 Gulden[5]). Diese Ungeldtabelle gibt gleichzeitig einen vortrefflichen Einblick in die Mannigfaltigkeit der Weinsorten, die auf dem Nürnberger Markt gehandelt wurden.

In Ulm wurde von Weinen, die dem Privatgebrauch dienen sollten, Ungeld gemäß dem Selbstkostenpreis erhoben, von südlichen Weinen dagegen nur die Hälfte des vorgeschriebenen Ungelds, das für jeden Weinhändler, Bürger wie Fremden, für jeden Eimer zu 120 Maß den Geldwert von 15 Maß betrug[6]). Befreiung von Ungeld trat ein, wenn ein Bürger seinen selbstgezogenen Wein vor dem Verkauf auf

---

1) Nübling a. a. O., S. 14.
2) Siebenkees, Materialien zur Nürnbergischen Geschichte, Bd. III, S. 229.
3) Brucker a. a. O., S. 523.
4) Siebenkees a. a. O., Bd. IV, S. 225.
5) Siebenkees a. a. O., Bd. IV, S. 225.
6) Nübling a. a. O., S. 14.

dem Markt in den städtischen Weinstadel einlegte; wenn er aber den Wein in seinen Keller einlegte, so mußte er ihn wie jeder andere Weinhändler vorher verungelten lassen; es trat nur für ihn insofern eine Vergünstigung ein, als er bei späterem Verkauf das Ungeld im Verhältnis zur Höhe des erlangten Preises zu zahlen hatte. Eine ähnliche Einrichtung bestand in Nürnberg; auch hier wurden dem Bürger, wenn er seinen Wein auf den Markt zum Verkauf ausführte, $^5/_6$ des bezahlten Ungelds zurückerstattet. Die Voraussetzung war dabei natürlich die, daß bei der Einlagerung des Weines in seinem Keller alle Formalitäten der Visierer, Ungelter und Einleger erfüllt waren: außerdem mußte das ausgeführte Faß mindestens 3 Eimer fassen. Wenn der Wein dagegen unverkauft blieb, mußte er von neuem verungeltet werden[1]. Das Ungeld war in Hellern zu entrichten, und zwar gewöhnlich gleich nach der Erhebung[2]; in Nürnberg war dem Händler eine Zahlungsfrist von acht Tagen zugestanden. Wurde er dann von den Ungeltern gemahnt, so hatte er für jede Mahnung ein Pfund Heller zu zahlen.

Visierern und Ungeltern lag zusammen die Überwachung der Ausführung der Ratsvorschriften ob; vermöge ihres Amtes waren sie in der Lage, sich hierbei gegenseitig zu unterstützen. Eine scharfe Abgrenzung der Pflichten der einzelnen Beamten läßt sich nicht genau durchführen; namentlich die niederen Gewerbe gehen in den einzelnen Städten oft ineinander über oder zerfallen in Untergewerbe, die in einer anderen Stadt in ein Gewerbe vereinigt waren.

Als Gehülfen der Visierer und Ungelter sind die Einleger, Weinzieher oder Faßzieher, auch Weinschröter genannt, anzusehen. Sie hatten das Abladen der Fässer und das Hineinbringen in die Keller zu besorgen. In Straßburg vermittelten die Faßzieher den Transport des Weines aus den Schiffen auf den Markt und von da in die Keller[3]; sie waren den Ungeltern unterstellt, die bei etwaigen Übertretungen der Faßzieher sogleich den sieben Abgeordneten des Rates auf dem Pfennigturm Anzeige zu machen hatten[4]. Ähnlich verhielt es sich in Ulm mit den Weinziehern[5] und in Nürnberg mit den Einlegern[6]. Letztere waren städtische Beamte, d. h. auf ihr Amt

1) Baader a. a. O., S. 246.
2) Siebenkees a. a. O., Bd. III, S. 221.
3) Brucker a. a. O., S. 535.
4) Brucker a. a. O., S. 535.
5) Nübling a. a. O., S. 24.
6) Siebenkees a. a. O., Bd III, S. 222.

eingeschworen; es gab allerdings auch solche, die ihr Gewerbe frei betrieben[1]). Diese durften aber ihr Handwerk nur in Abwesenheit eines eingeschworenen Einlegers ausüben. Sie durften nur verungeltete Fässer in die Keller legen und Zuwiderhandelnde hatten strenge Strafen zu erwarten; in Nürnberg beispielsweise außer körperlichen Strafen eine einjährige Verbannung aus der Stadt[2]). In Ulm war es allerdings erlaubt, Fässer, zu deren Verungeltung der Ungelter an demselben Tage nicht mehr schreiten konnte, in den Keller zu bringen; doch war hiervon dem Ungelter ausdrücklich Mitteilung zu machen[3]). Für das Einlegen ward eine Gebühr erhoben, abgestuft teils nach der Größe der Fässer, teils nach der Qualität der Weine; auch war die Taxe verschieden, je nachdem das Faß hinauf oder hinabgebracht wurde.

Die Qualität der Weine wurde in Nürnberg zugrunde gelegt[4]); die Gebühr betrug für ein Faß Elsässer Wein in den Keller zu bringen 4 Heller, aus dem Keller auf den Wagen dagegen 16 Heller; für ein Faß französichen Wein ein Schilling; eine einmalige Dienstleistung kostete 32 Schillinge. Die Hälfte der Einnahmen aus dieser Einlegegebühr fiel den Einlegern als Lohn zu; die andere Hälfte bildete wie bei den Visierern ebenfalls ein Zuschlag zu den Einnahmen aus den Getränkesteuern. In Straßburg bildete die Größe der Fässer die Grundlage für den Lohn der Faßzieher; eine Einlegegebühr wurde hier nicht erhoben[5]). Sie erhielten als Lohn von einem Fuder zu 24 Ohm 18 Pfennige, von einem halben Fuder 8 Pfennige; wenn ein Faß größer oder kleiner war, so wurde ihnen der Lohn nach obigem Verhältnis berechnet. In Ulm hatte außer dem Käufer auch der den Wein an den Markt bringende Fuhrmann eine Abladegebühr von 5 Hellern zu entrichten[6]); im übrigen gab es eine bestimmte Taxe, je nachdem ob sich das Geschäft zwischen zwei Bürgern, zwei Fremden oder zwischen einem Bürger und einem Fremden abwickelte. Auch die Qualität der Weine kam bei Bemessung der Gebühr in Betracht. Mehr Lohn als die festgesetzte Gebühr zu verlangen, war ihnen verboten; überhaupt war ihnen zuvorkommendes Wesen zur Pflicht gemacht und Annahme von Geschenken untersagt, zum Teil gegen hohe Strafe:

---

1) **Baader** a. a. O., S. 206.
2) **Siebenkees** a. a. O., Bd. III, S. 224.
3) **Nübling** a. a. O., S. 24.
4) **Sander** a. a. O., S. 241.
5) **Brucker** a. a. O., S. 535.
6) **Nübling** a. a. O., S. 24.

in Straßburg 30 Pfennige für jede Übertretung, im Verhältnis zu ihrem Verdienst eine schwere Bestrafung [1]).

Das Einlegegewerbe zerfiel in den einzelnen Städten in mehr oder weniger verschiedene Untergewerbe; so das Gewerbe der Karrenmänner in Ulm [2]). Ihnen lag speziell das Ab- und Zufahren der leeren Fässer in die Stadt oder an die Donau ob; ihrer Stellung nach waren sie den Wagenmännern untergeben, deren Befehlen sie nachzukommen hatten. Sie hatten die Aufträge in der Reihenfolge, wie sie sie bekommen hatten, auszuführen und erhielten für den Transport eines Weinfasses innerhalb der Stadt vier Pfennige. Zu diesen Untergewerben ist auch das Küfergewerbe zu rechnen, über das nur aus Straßburg genauere Nachrichten vorliegen. Als selbstständiges Gewerbe ist es noch jüngeren Datums. Bis 1459 konnte es zusammen mit dem Wirtsgewerbe betrieben werden, in diesem Jahre aber trennte eine Verordnung des Rates die beiden Gewerbe; doch blieb es einem Wirt unbenommen, nach Jahresfrist zu seinem früheren Wirtsgewerbe zurückzukehren und umgekehrt [3]).

Ihre Gewerbevorschriften decken sich im wesentlichen mit denen der Faßzieher; 1494 erhielten sie eine eigene Lohntabelle, da Klagen über Betrügereien der fremden Händler durch Küfer vorgekommen waren: für die vollständige Reinigung eines Fuderfasses bis zur Fertigstellung zum Einfüllen erhielten sie 1 Schilling Lohn, für ein halbes Fuderfaß 6 und für einen Vierling 3 Pf. Für das Umlegen eines Reifens hatten sie 2 Pf., bei einem halben Fuderfaß 1 Pf. zu fordern. Zuwiderhandlungen wurden mit 5 Schillingen bestraft.

Die Vermittlung zwischen Käufer und Verkäufer bildeten die Unterkäufer. Diese in Köln wichtige Zunft ist in den oberdeutschen Städten bei weitem nicht so ausgebildet. Der Name kommt auch nur in Ulm vor; in Straßburg und Nürnberg treten dafür andere Namen an die Stelle, wie Weinsticher und Weinmesser; auch ihre ursprüngliche Bestimmung hat sich verwischt. Sie dienen nicht mehr der Vermittlung beim eigentlichen Geschäft, sondern nehmen mehr die Stelle einer Gewerbe- bisweilen Gesundheitspolizei ein. In Ulm waren die Unterkäufer neben der Geschäftsvermittlung auch beim Weinstadel beschäftigt, wo sie zusammen mit dem Weinkaufschreiber über die nicht verkauften Fässer auf dem Weinmarkt Buch zu führen hatten [4]). Ferner wurden

---

1) Brucker a. a. O., S. 535.
2) Nübling a. a. O., S. 25.
3) Brucker a. a. O., S. 538.
4) Nübling a. a. O., S. 23, 24.

sie den Ungeltern beigegeben, sie hatten an den Markttagen den einen
Visierer zu begleiten, die Erhebung des Ungelds mit zu bewirken
und die Zahlungsunfähigen dem Steuermeister anzuzeigen[1]). Mehr ge-
werbepolizeilicher Art war die Einrichtung der Straßburger Weinmesser oder Weinschätzer[2]). Sie waren geschworene Angestellte des
Rates und hatten jeden neuen Wein zu probieren und einen Preis
dafür festzusetzen. Zu diesem Zwecke hatten sie in den Kellern
herumzugehen, wo der zu schätzende Wein lagerte. Den Fässern
Weinproben zu entnehmen und mit nach Hause zu nehmen, war untersagt, wie überhaupt zum Zwecke einer unparteilichen Schätzung jede
Übertretung mit einer Strafe von 5 Schillingen Straßburger Pfennige
belegt war. Vor allen Dingen wurde darauf gesehen, daß jeder Schätzer
getrennt sein Gewerbe ausübte, um jede Beeinflussung zu vermeiden.
Am reinsten hat sich die Aufgabe des Unterkäufers noch in Nürnberg erhalten; er hieß hier Weinsticher[3]) und hatte den Käufer auf
seinem Rundgang über den Markt und durch die Keller zu begleiten.
Eine ebenso wichtige Aufgabe für ihn war eine allgemeine Überwachung der Vorschriften, die der Rat für den Weinhandel erlassen
hatte, und für deren Befolgung durch die Bürger und durch die
Fremden er dem Rate gegenüber verantwortlich war. Er hatte namentlich sein Augenmerk auf die heimlichen Weinverkäufe der Bürger
außerhalb der Stadt zu richten[4]). Hierin hatte er rein polizeiliche
Funktionen zu verrichten. Seine Einnahme bestand in dem Lohn, den
er für die Begleitung der Käufer erhielt, und zwar 6 Heller von einem
Bürger und 1 Schilling von einem Fremden; eigene Geschäfte zu machen
oder Geschenke anzunehmen war ihm bei Strafe verboten[5]).

Dem Weingeschäft auf dem Markte steht der Weinverkauf über
die Straße und der Ausschank in den Wirtschaften gegenüber. Auch
hier gab es lokale Verschiedenheiten; durchgängig ist der Unterschied
zwischen Wirt und Zapfer, obgleich beide Gewerbe in den Ordinanzen
des Rates gewöhnlich zusammengefaßt behandelt werden. Öfters gehen
auch die Tätigkeiten der beiden Gewerbe ineinander über, so daß sich
in diesen Fällen eine reinliche Scheidung nicht mehr feststellen läßt.
In Straßburg trieben die Zapfer den Zapf en gros und verkauften
an die Wirte; letztere waren die Besitzer der kleinen Speisewirt-

---

1) Nübling a. a. O., S. 15.
2) Brucker a. a. O., S. 519.
3) Baader a. a. O., S. 206.
4) Baader a. a. O., S. 203.
5) Baader a. a. O., S. 206.

schaften. Daneben befaßten sie sich aber auch mit dem Verkauf
größerer Quantitäten nach außen, während die Zapfer öfters „Gäste
oder Freunde" in ihrem Keller sahen. Immerhin war das en gros-Ge-
schäft der Wirte nicht sehr ausgedehnt, denn das Amt der Weinrufer,
die hierzu unbedingt nötig waren, zeigt nur geringe Ausbildung. Man
kann allgemein den Zapfern den Vertrieb im Großen zuschreiben, da
für diese auch besondere Weinsticher angestellt waren.

Nach der Seite der Weinwirtschaften hin zeigt Ulm eine besonders großartige Entwicklung[1]). Die Weinwirtschaften bildeten keine
eigene Zunft, sondern waren unter verschiedene Zünfte verteilt; man
sah sie als Annex der Brauerwirtschaft an. In Ulm waren die Weinwirtschaften durchgängig mit Herbergen verbunden und zeigen in
dieser Form durchaus modernes Gepräge. Sie waren qualitativ verschieden; nach Haid gab es sogenannte fürstliche Herbergen, die
namentlich von fürstlichen Personen mit großem Gefolge und Troß
bevorzugt wurden und durch ihre Einrichtungen besonders dazu ge-
eignet waren. Neben diesen fürstlichen Herbergen, von denen Haid
vier an der Zahl anführt, gab es Herbergen zweiten Ranges, die
ebenfalls in ihren unteren Räumen eine Weinwirtschaft besaßen. Hier
pflegten die kleinen Kaufleute und Reisenden abzusteigen; Haid
nennt nicht weniger wie 26 mit Namen[2]). Die Reisenden der verschiedenen Städte, die nach Ulm kamen, hatten unter diesen Herbergen
ihre ganz bestimmten Absteigequartiere, die sie regelmäßig auf-
suchten. Bezeichnend ist die Bestimmung, daß die Wirte der fürstlichen Herbergen nicht in den Rat gewählt werden konnten, sondern
nur die Inhaber der kleineren Weinwirtschaften. Man befürchtete durch
den Verkehr der Wirte mit den fremden hohen Herren eine Gefähr-
dung des Ratsgeheimnisses und Einfluß der Herren auf das Stadt-
regiment.

Als Vorläufer der Herbergen zweiten Ranges sind in Ulm die
Trinkstuben der Bürger anzusehen, die aber gegen Ende des 14. Jahrhunderts wegen häufig vorgekommener Unzuträglichkeiten vom Rate
verboten wurden[3]). Die Erteilung der Konzession war abhängig von
der Zahlung einer Gebühr, wie in Nürnberg, oder von der Schätzung
des zum Ausschank kommenden Weines durch städtische Schätzer;
dieses Prinzip war in Straßburg vorwaltend. In Nürnberg traf

---

1) Nübling a. a. O., S. 18.
2) Haid, Ulm mit seinem Gebiet, S. 243 ff.
3) Nübling a. a. O., S. 18.

jeden Wirt eine allgemeine Steuer in Gestalt einer Abgabe von 4 Pfennigen für jedes Quantum verschenkten Weines![1]). Zum Zwecke der Schätzung[2]) hatten die Schätzer in Straßburg die Keller der Wirte, die Wein ausschenken wollten, der Reihe nach aufzusuchen und den Wein zu probieren. Wurde der Wein für gut befunden, so wurde der Ausschank nach Festsetzung des Preises gestattet. Das Faß, das zuerst zum Ausschank gelangen sollte, wurde dann versiegelt, damit nicht während des Ausschanks nachgefüllt werden oder andere Fässer statt dessen in Gebrauch genommen werden konnten; endlich wurde der Zollbehörde von der Ausstellung der Konzession Mitteilung gemacht. Der Wirt seinerseits hatte sich mit der Schätzung unbedingt einverstanden zu erklären und bei einer Strafe von 3 Pfund Pfennigen keinen Wein unter der Angabe, er sei nicht richtig eingeschätzt, zurückzuhalten. Die Weine von Wirten und Zapfern erfuhren hinsichtlich der Schätzung dieselbe Behandlung; nur erhöhte sich beim Zapfer die Strafe für die absichtliche Unterlassung der Schätzung bis zu 10 Pfund Pfennigen[3]). Endlich war die Erlaubnis zum Detailverkauf an die Annahme eines ordnungsmäßigen Weinrufers geknüpft[4]); dieser hatte dafür zu sorgen, daß die durch die Schätzer festgesetzten Taxen nicht überschritten wurden. Namentlich lag ihm die Bekanntgabe von dem stattfindenden Weinverkauf eines Wirtes ob. Zu diesem Zwecke hatte er zweimal am Tage in der Stadt umherzugehen; wo Wein ausgeschenkt werden sollte, hatte er das Siegel des Ungelters abzunehmen und das seinige aufzudrücken. Er war dazu verpflichtet, den Namen des Weines und den des Verkäufers deutlich auszurufen; wissentlich falsche Namensnennung wurde mit 1 Pfund Pfennige für jedes Faß bestraft. Die Funktionen des Weinrufers stimmen in Straßburg, Nürnberg und Ulm überein.

Die besonderen Bestimmungen über die Handhabung des Ausschankes zeigen in den drei Städten viele verwandte Punkte: Der Wirt durfte nur einen Zapf zur Zeit im Betrieb haben; wenn er Rotwein verschenken wollte, war ihm das Auftun eines zweiten Zapfes gestattet[5]). In Nürnberg durfte ein Wirt auch unter der Bedingung einen zweiten Zapf offen halten, daß er daselbst Wein in einer anderen

1) Baader a. a. O., S. 203.
2) Brucker a. a. O., S. 541.
3) Brucker a. a. O., S. 542.
4) Baader a. a. O., S. 208. Brucker a. a. O., S. 547.
5) Baader a. a. O., S. 254.

Preislage wie in seinem ersten Ausschank zum Verschank brachte[1]). Die Maßregel entsprang dem Wunsche, dem Filialwesen und der Konkurrenz entgegenzutreten. Denn wenn ein Wirt in verschiedenen Stadtteilen einen besonders guten Wein feilhielt, so schädigte er dadurch die in diesem Distrikt angesessenen Wirte. Der Ausschank der Wirte hatte sich immer im Rahmen des Detailhandels zu halten; in Staßburg hatte der Wirt für jedes Fuder, das er, zum Verschank im Kleinen ursprünglich angekauft, im Ganzen wieder abgab, 5 Pfund Pfennige, für jedes halbe Fuder 3 Pfund Pfennige Strafe zu zahlen. Diese Bestimmung wurde so streng durchgeführt, daß weder durch den Rat, noch durch die Viktualienpolizei Erlaß der Strafe verfügt werden konnte[2]), wie es scheint lediglich darum, weil sonst die Wirte das Gewerbe der Zapfer zu sehr geschädigt haben würden.

Die Zapfer hatten auf einmal mindestens ein halbes Fuder zu verzapfen[3]). Wenn sie den Wein in Empfang genommen hatten, mußten sie sofort mit dem Zapf beginnen; länger als acht Tage durfte die Frist bis zum Beginn des Zapfes für in die Stadt gebrachte Weine nicht ausgedehnt werden; für Wein, der im Stadtgebiet gewachsen war, verlängerte sich dieselbe auf 14 Tage. Im Zapf war die Reihenfolge im Anschluß an die gekauften Stücke Wein zu beachten[4]). Die städtischen Abgaben kommen selbstverständlich auch für die Zapfer in Betracht; so hatten sie sich dem Urteil der Schätzungskommission zu fügen und nicht mehr Wein auszuschenken, als von der Kommission auf einmal eingeschätzt war[5]); mindestens ein halbes Fuder mußte auf einmal verzapft werden. Die leergewordenen Fässer waren möglichst noch an demselben Tage den Visierern anzuzeigen, die dann den weiteren Vermerk am Ungeld bewirkten. Die Anmeldung der Bürger zum Zapf war im Sommer bis abends 8 Uhr, im Winter bis abends 9 Uhr erlaubt, doch stand es demjenigen Zapfer, der Haus und Keller zusammen hatte, frei, Wein auch nach dieser Frist zum Zapf anzunehmen.

Bemerkenswerte Erlasse über die Art des Wirtschaftsbetriebes finden sich in den Polizeivorschriften des mittelalterlichen Nürnbergs; speziell über die Offenhaltung der Wirtschaften, über die Sonntagsruhe, die Verabreichung von Speisen und den Weinverkauf an die

---

1) **Baader** a. a. O., S. 250.
2) **Brucker** a. a. O., S. 537.
3) **Brucker** a. a. O., S. 549.
4) **Brucker** a. a. O., S. 572.
5) **Brucker** a. a. O., S. 549.

Gäste. Die Öffnung der Wirtschaft stand ganz im Belieben des Wirtes; er konnte sie den ganzen Tag bis zum Ertönen der Feuerglocke, 10 Uhr abends, offen halten; dann hatten alle Gäste das Lokal auf das schnellste zu räumen. Hierbei galt allerdings die Bestimmung, daß zugereiste Gäste von dieser Vorschrift ausgenommen waren, ebenso die Besucher, die „bei dem Wirt in Kost sind und ihr stet Anwesen bei demselben haben", mit anderen Worten die Stammgäste [1]). Diese Verordnung wurde aber bald abgeändert und die Stammgäste von dieser Vergünstigung ausgeschlossen, da sich im Laufe der Zeit ihre Zahl bedeutend vermehrt hatte, und jeder unter dem Vorwand, Stammgast zu sein, die Polizeistunde ins unendliche ausdehnte. In Ulm war die Polizeistunde auf 10 Uhr festgesetzt. Der Wirt, der dagegen verstieß, hatte die eigentümliche Strafe zu gewärtigen, 1000 Mauersteine zum Festungsbau zu stellen, während der Gast 10 Heller Strafe zu zahlen hatte [2]). Eine Ausnahme wurde nur bei fürstlichen Gästen oder namhaften Persönlichkeiten gemacht, mit diesen konnten die anderen Gäste so lange sitzen bleiben, bis jene die Wirtschaft verließen. Bisweilen war auch den Wirten der Kleinverkauf von Wein über die Straße gestattet; in Straßburg in der Zeit von 9 bis 12 Uhr abends. In Nürnberg und Ulm scheint diese Vergünstigung nicht bestanden zu haben, da sie mit der früheren Polizeistunde nicht in Einklang zu bringen war. Ob die Polizeistunde erst um Mitternacht eintrat, muß dahingestellt bleiben. Vielleicht ist bei dieser Bestimmung der Gesichtspunkt leitend gewesen, den Bürgern nach Schluß der großen Zapfgeschäfte die Möglichkeit zu gewähren, sich abends nach 10 Uhr noch Wein in kleinen Quantitäten in ihre Häuser holen zu lassen und dadurch dem ausgiebigen Besuch der Wirtschaften entgegenzuwirken. Nach 12 Uhr war auch dieser Kleinverkauf verboten.

Während in Ulm und Straßburg Wein- und Speisewirtschaften streng getrennt auftreten, gab es in Nürnberg auch Weinwirtschaften, in denen Speisen verabreicht werden durften; letztere beschränkten sich allerdings nur auf Brot und Käse, und zwar war der Verkauf auch nur am Tage gestattet [3]). Der Käse sollte in diesem Falle auch nur der Verbesserung des Geschmackes und einer größeren Bekömmlichkeit des Getränkes dienen [4]). An Feiertagen war jeder Ausschank verboten, und zwar kamen hier die großen christlichen Feste

1) Baader a. a. O., S. 254.
2) Jäger a. a. O., S. 428.
3) Siebenkees a. a. O., Bd. IV, S. 725.
4) Baader a. a. O., S. 250.

in Betracht, ferner die ganze Karwoche und die Aposteltage; auf Übertretungen waren hohe Strafen gesetzt. Ebenso war ein größeres Zechen, Spiel und Tanz in den Häusern der Bürger verboten, damit nicht die Bestimmungen über die Sonntagsruhe im öffentlichen Schankgewerbe auf diese Weise umgangen werden konnten. Nur durchziehenden Pilgern durfte ein Trank gereicht werden [1])

Ein wichtiges Kapitel in den Verordnungen über die Organisation des städtischen Weinhandels umfassen die Maßnahmen gegen betrügerische Manipulationen im Handel und gegen die Weinverfälschungen.

Eine andere Seite des betrügerischen Weinhandels bieten die Manipulationen zwischen den Schenkwirten und den Marktführern; letztere hatten die Waren, meistens auf Wagen, vom Markt nach den Kellern zu transportieren. Bisweilen standen sie in dem Dienst eines fremden Kaufmannes und führten die Waaren vom Lande in die Stadt ein. Hierbei war es ihnen natürlich leicht möglich, kleinere Quantitäten Wein auf die Seite zu bringen und mit Umgehung aller Abgaben den Wirten gleich in ihre Keller zu liefern [2]). Darum wurde Fremden und Einheimischen aufs strengste die Einlage nicht verungelteter Weine in ihre Keller untersagt. Wäre man hiergegen nicht unerbittlich vorgegangen, so würden alle Weinmarktsordnungen und Verfügungen über die Handhabung der Steuern illusorisch geworden sein. Ebenso stand die Weinpanscherei in Nürnberg, Straßburg und Ulm in außerordentlicher Blüte. Man trieb sie im Keller, beim Ausschank, sogar auf dem Wege zur Stadt wurden den einzelnen Fässern kleinere Quantitäten entnommen und durch Wasser ersetzt [3]). Anlaß zu den vielfachen Weinverfälschungen gab ohne Zweifel die Erlaubnis, Weine verschiedener Qualität zu vermischen. Dieser Brauch war beispielsweise in den Hansestädten des Nordens streng untersagt, während in Straßburg nur die Mischung von jungem und altem Wein verboten war [4]). Man nannte diesen Vorgang „den Wein versetzen"; solcher versetzter Wein durfte erst drei Tage nach erfolgter Mischung verschenkt werden, vorher mußte er den Weinschätzern zur eingehenden Prüfung bei Strafe von ein Pfund neuer Heller von jedem Faß vorgelegt werden [5]). Die ganze Strenge des Gesetzes wurde vom Rat

1) Baader a. a. O., S. 255.
2) Baader a. a. O., S. 245.
3) Baader a. a. O., S. 245. Brucker a. a. O., S. 567.
4) Brucker a. a. O., S. 580.
5) Baader a. a. O., S. 256.

gegen die Weinpanscher im Großen angewandt. Man verfuhr gegen Fälscher meistens mit Ausweisung, Freiheitsstrafen, körperlichen Züchtigungen; sogar Todesstrafe soll vorgekommen sein. Die Angabe einer Geldstrafe findet sich weniger oft wie bei den obigen Verordnungen.

Eine schon sehr alte Verordnung des Nürnberger Rates zählt die Zusätze auf, deren sich die Fälscher bedienten. Es finden sich dort genannt[1]): Eier, Milch, Salz, Wasser mit Kieselsäure, Leim, Ton und von Weinbeeren befreite Stengel; auch der Zusatz von Waid war sehr beliebt[2]). Die Mischung der jungen Weine war unter der Bedingung erlaubt, daß diese bis zum heiligen Dreikönigstag liegen blieben; stellte es sich dann heraus, daß sie irgend eines Zusatzes bedurften, so war nur die Beimischung von Milch erlaubt; auf ein Fuder aber nicht mehr als $\frac{1.2}{4}$ Teile, also ein Teil Milch auf einen Eimer[3]). Später durften nur gleiche Weinsorten mit einander vermengt werden[4]).

Eine Eigentümlichkeit, die vielfach zu Übertreibungen und damit zu Weinverschlechterungen führte, war das Ausschwefeln der Fässer, wenn der Eigentümer eine Abnahme in der Qualität, namentlich jung eingelegter Weine, bemerkte. Er durfte aber nicht mehr als ein Lot Schwefel auf ein einfudriges Faß gebrauchen. War der Wein „überschwefelt" worden, so war die Einfuhr bei einer Strafe von einem Gulden für jeden Eimer verboten. Der Wein konnte sogar gleich in die Pegnitz geschüttet werden und der Fälscher wurde je nach der Schwere der Verfälschung an Gut und Leib gestraft[5]). Jeder, der sich der Beihilfe bei einer Panscherei schuldig machte, direkt dabei behilflich war, den Wein in seinen Keller aufzubewahren oder ihn auf dem Markt an den Mann zu bringen, verfiel den gleichen Strafen wie der Fälscher selbst[6]). Alle Verordnungen, die sich auf Weinverfälschung bezogen, wurden je fünfmal auf dem Weinmarkt und vom Balkon des Rathauses herab verlesen.

---

1) Siebenkees a. a. O., Bd. IV, S. 718.
2) Siebenkees a. a. O., Bd. IV, S. 720.
3) Baader a. a. O., S. 260.
4) Baader a. a. O., S. 261.
5) Baader a. a. O., S. 260.
6) Baader a. a. O., S. 259.

Kapitel V.
Der interlokale Weinhandel in seinen Importgebieten.
Lübeck, Bremen, Hamburg.

1. Die Ratsweinkeller. Entstehung der Keller. Verwaltung. Gerechtsame.

Wir haben bei der Betrachtung des hansischen Aktiv- und Zwischenhandels mit England, Frankreich und den nordischen Reichen die hervorragende Stellung des hansischen Kaufmannes kennen gelernt. Wurzel und Ursprung dieser Stellung lag außer in Köln im Südwesten in den drei Hansezentren des Nordens, Lübeck, Bremen und Hamburg. Hier saß der „königliche Kaufmann", der die ganze der damaligen Zeit bekannte Welt in seinen Wirkungskreis gezogen hatte. Während in Köln Eigenproduktion und Handel nebeneinander hergingen, beruhte der Gesamthandel von Lübeck, Bremen und Hamburg auf dem Import- und Zwischenhandel. Hieraus ergeben sich für die Betrachtung des interlokalen Handels manche neue Momente; der private Weinzapf, der in Köln durch den eigenen Anbau hervorgerufen war, fällt hier ganz fort, an seiner Stelle erscheinen staatliche Institute zur Regelung und Förderung des Handels: die Ratsweinkeller und die Ausbildung des Weinmonopols durch die Stadt.

Die Entstehung der Ratsweinkeller leitet sich von den Kellern der alten Klöster und Abteien her[1]); aber zwischen den Klosterkellern, deren Inhalt in der ersten Zeit wenigstens ausschließlich für das persönliche Bedürfnis der Mönche bestimmt war, und den fest organisierten Ratsweinkellern der Hansestädte liegt ein langer Zeitraum der Entwicklung, ungefähr zwei Jahrhunderte. Schon bei der Anlage der alten Klöster und Dome waren die Gründer auf die Versorgung mit Wein bedacht; sie schufen, wenn auch nicht gleich Keller, so doch Gelasse zur Aufbewahrung des nötigen Weines, die sogenannten Weinkammern. Solche Weinkammern gab es in Hildesheim schon um das Jahr 872. Aus den Besitzern dieser Weinlager wurden mit der Zeit wahrscheinlich auch die ersten Weinhändler; ein genauer Gang der Entwicklung läßt sich freilich nicht nachweisen. Mit der Ausbreitung der städtischen Gewalt über die Geistlichkeit mag sich der Rat bald eine

---

1) Janicke, Das Weinamt der Domherren zu Hildesheim, in Zeitschr. d. histor. Ver. f. Niedersachsen, 1887, S. 272.

Kontrolle über diesen Weinhandel der Geistlichen angeeignet und ihn später, wie in Köln, selbst übernommen haben.

Die Ratsweinkeller von Lübeck, Bremen[1]) und Hamburg treten als vollendete Tatsachen auf. Am frühesten ist der Hamburger Keller[2]) erwähnt, und zwar der der Neustadt, der schon im Jahre 1287 genannt wird[3]). In Hamburg gab es, solange Altstadt und Neustadt noch nicht miteinander vereinigt waren, für beide Stadtteile je eine getrennte Verwaltung; deshalb finden sich auch in den diesbezüglichen Urkunden von 1246 zwei Ratskeller angeführt. Die Gründung des altstädtischen. Kellers läßt sich ebenfalls nur annehmen, sie wird in die Jahre von 1273 bis 1326 verlegt. Der Lübecker Keller wird zuerst in einer Urkunde von 1289 namhaft gemacht[4]). Diese Urkunde enthält ein Verzeichnis über Weine, die Lübecker Bürger im Keller lagern hatten mit gleichzeitiger Angabe der gezahlten Miete. Der Bremer Keller endlich wird erst im Jahre 1342 namentlich genannt[5]). Dieses Datum hat aber geschichtlich keinen Wert, da der Keller nach Andeutungen in Urkunden schon viel früher bestanden hat.

Für die Entstehung der Ratskeller sind folgende Faktoren maßgebend gewesen: Die genaue Ordnung einer mittelalterlichen Stadt verlangte neben den Instituten des Handels und des Verkehrs auch einen guten Weinkeller, denn der Rat bedurfte zu eigener Verwendung Wein, um seine Gäste: erlauchte Herren oder Abgeordnete fremder oder befreundeter Städte, zu ehren. Man nannte diese dargebrachten Weine die Ehrenweine. Namentlich die Bewirtung der fremden Gesandten mag für die Gründung mit entscheidend gewesen sein, denn in den größeren Städten pflegten die Abgeordneten der Hansestädte zu gemeinsamen Tagfahrten zusammenzukommen, die sich in ihren Beratungen oft über Monate hinaus ausdehnten. Diese waren dann ganz auf die Gastfreundschaft des Versammlungsortes angewiesen. Oft war auch die zeitgemäße Sendung ausgesucht schönen Weines sehr dienlich, um eine wankend gewordene Freundschaft zu befestigen oder eine alte noch fester zu gestalten. Außerdem hatte der Weinkeller noch einen anderen, von diesem ganz verschiedenen Zweck zu erfüllen. Die Stadt des Mittelalters erfreute sich, wie das Beispiel von Köln, Straß-

---

1) Kohl, Der Ratsweinkeller in Bremen, S. 5.

2) Koppmann, Kämmereirechnungen der Stadt Hamburg, Bd. I, S. 83,

3) Meyer, Das Einbecksche Haus in Hamburg, S. 12.

4) Wehrmann, Der Lübeckische Ratsweinkeller, i. d. Zeitschr. d. Vereins für Lüb. Gesch., Bd. II, S. 77,

5) Kohl a. a. O., S. 14.

burg, Nürnberg und Ulm lehrt, einer ausgedehnten Gewerbepolizei; als dieser stand ihr das Recht zu, über die in der Stadt verkauften Lebensmittel eine genaue Kontrolle zu führen, auf gute Qualität zu achten und die Preise festzusetzen. So entstanden die Fleisch- und Brottaxen, wie sie aus Lübeck vom Jahre 1255, aus Nürnberg in Gestalt einer Biertaxe nachgewiesen sind[1]). Die Polizeiverwaltung hatte auf jede absichtliche oder zufällige Verschlechterung der Lebensmittel beim Verkauf im Interesse der Bürger, und unter diesen namentlich der ärmeren Schichten, zu achten. Gerade der Wein war am meisten Verschlechterungen ausgesetzt, und daher faßte man schon frühzeitig den Entschluß, seinen Verkauf unter die Kontrolle des Rates zu stellen, indem man ihn in einem städtischen Institut zentralisierte. Hieraus entwickelte sich dann der Ratsweinkeller. Die erste Form war auch nicht die des Kellers, denn in Hamburg ist in den älteren Urkunden nur von einem domus vini, einem kleineren Weinhause, die Rede[2]); erst mit dem wachsenden Bedürfnis wurden unter diesem Hause dann Kellereinrichtungen angelegt.

Diese Momente haben im wesentlichen zu der großartigen Ausgestaltung der Ratsweinkeller in den nordischen Hansestädten beigetragen.

Nach ihrer Wichtigkeit und ihrem ausgedehnten Geschäftsbetrieb beanspruchten die Keller naturgemäß eine durchgreifende Organisation; über ihre Verwaltung sind im allgemeinen genaue Nachrichten vorhanden. Danach gestaltete sie sich folgendermaßen:

An der Spitze des Kellers standen die sogenannten Weinherren oder Weinmeister, zwei Deputierte des Rates, die die Oberaufsicht über den Keller zu führen hatten. In Lübeck, wo die Geschichte des Weinkellers sich am weitesten verfolgen läßt, werden solche Weinherren schon 1298 erwähnt[3]). Aus Bremen kennt man die Einrichtung der Weinherren erst aus dem Jahre 1370[4]). Anfangs war den Bürgern der Zapf zugestanden, nach 1370 durften dagegen nur noch die Weinherren zapfen lassen; seitdem durften die Weinhändler den Wein, den sie bei den Weinherren nicht abgesetzt hatten, in der Stadt zum Verkauf ausbieten. Ursprünglich war es Aufgabe der Weinherren, die Verhandlungen über Ankauf von Wein mit den fremden Kaufleuten

---

1) Roscher, System der Volkswirtschaft, Bd. III, bearb. v. W. Stieda, S. 800.
2) Meyer a. a. O., S. 18.
3) Wehrmann a. a. O., S. 76.
4) Kohl a. a. O., S. 59.

zu führen; unter diesen sind namentlich Kölner Weinhändler zu verstehen oder, wie sie damals genannt wurden, „die Gäste vom Rhein". Die Weinherren hatten auf dem Markte oder auf dem Rathause die Weine zu probieren und auszuwählen. Später stellten die Kölner Kaufleute ihre Fahrten ein, da die hansischen Weinkaufleute selber an den Rhein zogen, um ohne Mittelspersonen direkt an der Quelle ihre Bedürfnisse zu decken. In Bremen hat es scheinbar früher nur einen Weinherrn gegeben; 1400 werden zuerst zwei mit Namen aufgeführt. Seitdem gab es auch Stallherren für den Marstall der Stadt, Fischherren für den Fischfang auf der Weser und Mauerherren als Inspekteure des Befestigungswesens. Die Institution der Weinherren ist eine durchgängige Erscheinung in den Hansestädten des nördlichen Deutschlands, sie lassen sich beispielsweise nachweisen in Hamburg, Hildesheim und Wismar.

In Hamburg kommen Weinherren, von Anfang an zwei an der Zahl, zuerst 1356 vor [1]); ihre Stellung war eine sehr angesehene, da sie dem Range nach gleich hinter den Kämmereiherren kamen. In Hildesheim hielt sich der städtische Weinhandel sehr lange in den Händen der Geistlichkeit, die ihn in ihrer Domschenke betrieb und von Domherren aus ihrer Mitte heraus verwalten ließ. Um 1300 legte der Rat selbst einen Weinkeller an [2]). Der Domkeller erfreute sich aber noch mancher Privilegien; wichtig war die Abgabefreiheit von verkauftem Wein. Später, im Jahre 1303, verpflichtete sich das Domkapitel, keine Weintavernen mehr zu halten [3]), dafür behielt es die Abgabefreiheit und bekam die Erlaubnis zum Fremdenverkehr in seinem Keller. In die Zeit von 1360 bis 1380 fällt die Bildung des sogenannten Weinamtes, das aus vier Domherren bestand. Diese Domherren hießen dann Weinherren; sie hatten vor allem Kauf und Verkauf unter sich, ferner die Rechnungsbücher des Weinschenken und die Schlüssel zu den Kellern. Im Vergleich zu Bremen und Lübeck waren ihre Befugnisse nicht so ausgedehnt; während in Bremen und Lübeck der Rat eigentlich nur dem Namen nach die vorgesetzte Behörde bildete, hatte das Domkapitel in Hildesheim manche Gerechtsame in Händen behalten; bei ihm stand die Wahl des einzukaufenden Weines, vor allem die Feststellung des Preises und die Anstellung der Weinschenken. Die Hildesheimer Weinherren stehen mehr auf der Stufe der Kellermeister des Lübecker oder Bremer Kellers. Von

1) Koppmann, Kämmereirechnungen der Stadt Hamburg, Bd. VII, S, 54.
2) Janicke, Das Weinamt der Domherren von Hildesheim, S. 275.
3) Janicke a. a. O., S. 277.

den Beamten des Kellers erlangte der Weinschenk mehr und mehr
eine einflußreiche Stellung; ursprünglich einfacher Küfer und Zapfer,
schwang er sich im Jahre 1381 bis zum Pächter auf mit größter
Selbständigkeit; dem Domkapitel war noch die Preisbestimmung vorbehalten. Von einer Verpachtung des Kellers war um diese Zeit in Lübeck
oder Bremen noch nicht die Rede. Auch für Wismar[1]) ist das Amt
eines Weinherren aus dem Jahre 1338 urkundlich beglaubigt[2]); ebenso
werden im Jahre 1341 Weinherrn aus Wismar namentlich angeführt.

Die Verwaltung eines Ratsweinkellers gehörte zu den angesehen-
sten Offizien, denn die Herren waren dem Rate direkt verantwortlich.
In Hamburg hatten sie ihm alle Vierteljahr einen Rechenschaftsbericht
vorzulegen. Zur Unterstützung der Weinherren stand eine ganze Schar
von Unterbeamten zur Verfügung. An der Spitze des Kellers, unmittel-
bar unter den Weinherren, stand der Kellerhauptmann, in Bremen auch
Schenk genannt. Hier scheint man nicht von Anfang an wie in Lübeck
einen besoldeten Kellerhauptmann gehabt zu haben; vielmehr ist hier
schon frühzeitig im Gegensatz zu Lübeck und Hamburg die Verpachtung angewandt worden, über die in einem alten Bremer Statut aus
dem Jahre 1400 berichtet wird[3]). In Lübeck trat der erste Pächter
erst am 14. März 1666 sein Amt an[4]). Für Hamburg kann eine Verpachtung nach 1565 angesetzt werden. Im Jahre 1604 wurde jedenfalls
eine Verordnung des Rates öffentlich angeschlagen, nach der demjenigen
der Keller mit allen Gerechtsamen überlassen werden sollte, der am
meisten dafür bieten würde[5]). Der Grund der Verpachtungen lag
meistenteils in finanziellen Schwierigkeiten des Rates; wie wichtig ihm
aber das freie Verfügungsrecht über seinen Keller war, zeigt die Tatsache, daß Verpachtung und Eigenverwaltung oft miteinander wechseln,
so z. B. in Lübeck[6]). Oft verpachteten die Pächter den Keller wieder
weiter; das oben genannte Statut von 1400 berichtet, daß der Pächter
Hermann Hemelingk den Keller gleich an zwei andere Bremer Bürger,
Herberde Dukelen und Johann von Lese, weiterverpachtete. Ein vom
Rat fest angestellter Beamter findet sich in Bremen erst im Jahre 1595,
der vom Rat den Titel Weinmann erhielt.

---

1) Mecklenburg. Urkundenbuch, IX, Nr. 6304.
2) Koppmann, Beiträge zur Gesch. der Stadt Rostock, Heft 4, S. 2 ff.
3) Kohl a. a. O., S. 71.
4) Wehrmann a. a. O., S. 103.
5) Meyer a. a. O., S. 99.
6) Kohl a. a. O., S. 70.

Der Kellerhauptmann war die rechte Hand der Weinherren; später rückte er selber langsam in ihre Stellung ein, die Weinherren bildeten dann nur noch eine oberste Aufsichtsbehörde. Sie hatten sich in bestimmten Zwischenräumen durch Revisionen von der Richtigkeit der Verwaltung zu überzeugen. Unter der Aufsicht des Kellerhauptmanns standen alle Weine, sowohl diejenigen, die dem Rate gehörten, als auch diejenigen, die von Privaten eingelagert waren. Vor dem Antritt seines Amtes wurde er vom Rate beeidigt; in dem Eide sind seine Pflichten genau begrenzt[1]). Er war den Weinherren zu unbedingtem Gehorsam verpflichtet; ferner war ihm eigener Weinhandel verboten. Den Grund hierzu bildete die Erwägung, daß ein Weinhändler, der gleichzeitig das Amt des Kellerhauptmanns inne hatte, leicht zu Unterschleifen verführt werden konnte. Wenn dieser ferner neben seinem Amt auch sein Weingeschäft weiterführen durfte, so konnte er für seine Genossen eine drückende Konkurrenz werden, da ihm durch seine geschäftliche Stellung und durch seine Verbindungen mit den rheinischen Weinkaufleuten eine ungleich bessere Übersicht über den Handel im allgemeinen und Verwertung seiner Beobachtungen gegeben war. Dieser Vorteil wäre namentlich dann für ihn in Betracht gekommen, wenn er im Auftrage des Rates jährlich an den Rhein reiste, um dort mit den Kölner Kaufleuten Weinlieferungen abzuschließen. Auch die Annahme von Geschenken war ihm verboten. Sein Lohn stellte sich jährlich auf 50 Mk., außerdem jeden Freitag 6 Schillinge; dazu kam der Nießbrauch aus dem Erlös der leeren Fässer, die er auf eigene Rechnung verkaufen durfte. Dafür hatte er aber Licht und Kohlen für den Keller zu liefern; immerhin wird bei dem großen Verbrauch an Fässern noch eine ansehnliche Einnahme für ihn abgefallen sein, zumal da er von jedem Faß 2 Pfennige Lagermiete und beim Verkauf 8 Pfennige Zapfgeld erhielt[2]). Ferner hatte er für Wohnung und Beköstigung seiner Gesellen zu sorgen; Brot und Bier erhielt er dazu von der Stadt geliefert, außerdem für jeden Knecht wöchentlich eine Mark Kostgeld.

Dem Kellerhauptmann standen zur Bewältigung des Zapfgeschäftes und der Rechnungführung Unterbeamte und Diener zur Verfügung. In Lübeck waren es vier: ein Binder, ein Schreiber und zwei Zapfer. Der Einheitlichkeit halber mag sich die Darstellung vorläufig auf den Lübecker Keller beschränken; über den Hamburger Keller sind nur äußerst spärliche Nachrichten vorhanden, und was

---

1) Wehrmann a. a. O., S. 81.
2) Wehrmann a. a. O., S. 79.

überliefert ist, fällt zum größten Teil in nachhansische Zeit. Dem Binder war die Aufsicht über die Fässer zugewiesen; er hatte darauf zu achten, daß sie in gutem Zustand blieben, und die Bearbeitung des Weines zu besorgen. Seine Tätigkeit war ebenfalls in einem Eide zusammengefaßt[1]): Er verpflichtete sich zu guter Pflege des Weines und zu einem gerechten Zapf für Arme und Reiche. Die eingegangenen Gelder hatte er zu verwalten. Eigener Weinhandel und Zapfen unter der Hand war auch ihm untersagt. Der Binder erhielt jährlich 20 Mk., seit 1564 das Doppelte[2]). Als besondere Einnahme war ihm die Fabrikation von Lecheln, hölzernen Gefäßen mit einem Inhalt von 10—12 Stübchen, gestattet, die ihm der Kellerhauptmann jährlich abzugeben hatte. Diese Lecheln durfte er für 3 Schillinge das Stück verkaufen. Der Schreiber hatte zusammen mit dem Kellerhauptmann die schriftlichen Arbeiten zu besorgen und die Rechnungsbücher zu führen; als Lohn erhielt er 6 Mk. jährlich. Die Zapfer endlich besorgten den Weinzapf; von ihnen verzapfte der eine ausschließlich Rheinwein, während der andere, der auch der Malvasierzapfer hieß, den Zapf der spanischen und der französischen Weine unter sich hatte. Ihr Lohn betrug 5 Mk. jährlich, daneben waren sie auf gelegentliche Trinkgelder der Gäste angewiesen, ferner gehörten ihnen die abgebrannten Lichtstümpfe und das von den Kronen heruntergeträufelte Wachs, sowie der von den Gästen stehengelassene Wein; letzterer natürlich nur zur eigenen Konsumtion. Als Gratifikation erhielten sie Freitags 1 Schilling, Weihnachten 3 Schillinge.

Neben diesen 4 Gesellen waren noch zwei sogenannte Kohlengreven angestellt, denen die Heizung und Reinigung des Kellers oblag; außerdem zu anderen Dienstleistungen noch vier Diener, die auch Sklaven oder Schlaven genannt wurden. Bei Eröffnung des Kellers, im Winter um 8 Uhr, im Sommer um 7 Uhr, hatten sämtliche Angestellte zur Stelle und den ganzen Tag bis zum Schluß, der gewöhnlich zwischen 8 und halb 9 Uhr stattfand, im Keller anwesend zu sein. Der Schreiber war nachmittags von 2—4 Uhr frei; der eine Zapfer hatte von 1—3, der andere von 3—5 Uhr eine Mittagspause.

Diese Organisation des Lübecker Kellers trifft mit geringen Ausnahmen auch für den Bremer Keller zu und kann auch für den Hamburger Keller vorausgesetzt werden, von dem über diesen Zweig der Verwaltung keinerlei Nachricht vorhanden ist.

---

1) Wehrmann a. a. O., S. 82.
2) Wehrmann a. a. O., S. 80.

Zum Unterschied von Lübeck waren in Bremen die Pflichten des Kellerhauptmanns zahlreicher [1]). In Bremen genoß er eine außerordentliche Vertrauensstellung: Er hatte die sämtlichen eingehenden Gelder anzunehmen; überhaupt war ihm beim Abschluß aller großen Geschäfte völlig freie Hand gelassen. Er hatte die ganze Aufsicht über den Keller und sich von der Ausführung seiner Anordnungen persönlich zu überzeugen; ferner die Auffüllung der Weine zu überwachen und auf alle vorkommenden Unregelmäßigkeiten ein wachsames Auge zu haben. Auch die Gefäße und Krüge standen unter seiner Aufsicht, für deren Richtigkeit und Reinheit er verantwortlich war. Waren Herren des Rates im Keller anwesend, so hatte er sie persönlich zu bedienen. Allgemein lag die Verwaltung des Kellers in Bremen vielmehr beim Kellerhauptmann als in Lübeck; so fällt in Lübeck die Aufsicht über die Krüge, Maße und Gewichte ausschließlich dem Binder zu, während sie in Bremen zum Verwaltungsbereich des Kellerhauptmanns gehörte. Der Kellerhauptmann wurde für damalige Zeiten außerordentlich gut bezahlt, so daß die Kellerhauptleute wie die Herren lebten und sich öfters vom Rate wegen ihres prunkvollen Auftretens Verweise gefallen lassen mußten. Unter den Angestellten des Bremer Kellers ist der Weinrufer bemerkenswert, ein Amt, das in Lübeck nicht bekannt war; vielleicht verdankte er seine Entstehung dem Verkehr mit den Kölner Kaufleuten. Er hatte die frisch in die Stadt importierten Weine öffentlich auszurufen. Im Gegensatz zu Köln war er in Bremen ein städtischer Beamter, nicht Privatgesinde der Zapfer oder Wirte. Schreiber werden aus Bremen nicht genannt, die Urkunden sprechen nur von „Knechten des Weinkellers". Für alle diese speziellen Ämter hatte der Kellerhauptmann aufzukommen.

Die zweite Eigentümlichkeit im Weinhandel der nordischen Hansestädte ist die Monopolisierung des Weinverkaufes. Während in Köln der Zapf und Weinverkauf abhängig war von der Zugehörigkeit zur Weinbruderschaft und der Zahlung der vorgeschriebenen Akzise, blieb in Bremen und Lübeck der ganze Handel bis zum Übergang in die Hände des Konsumenten direkt unter der Kontrolle des Rates. In Köln wurde der Handel von der Stadt überwacht, in den Hansestädten Norddeutschlands dagegen selbst betrieben.

Natürlich bezog sich das Monopol nur auf den Detailhandel in der Stadt [2]); im Verkehr mit dem Ausland, das gleich jenseits der

---

1) Kohl a. a. O., S. 75 ff.
2) Kohl a. a. O., S. 13.

Stadt begann, stand dem Bürger die Erlaubnis zum Weinhandel viel
unbegrenzter offen wie in Köln. Das Rhein- und Moselweinmonopol
kann für alle Keller der norddeutschen Hansestädte angenommen
werden; für Lübeck, Bremen und Hamburg steht es urkundlich fest.
Die Einrichtung des Monopols hängt ebenso wie die Entstehung der
städtischen Ratskeller mit der Einrichtung der Marktpolizei zusammen;
um den Wein möglichst vor Fälschungen zu bewahren und den Konsumenten ein reines Getränk garantieren zu können, stellte der Rat
den Weinverkauf unter seine Aufsicht und nahm den Vertrieb in die
Hand. Besonders wurden die Landweine und die feinen fremden Weine
getrennt, da bei ihm die Gefahr der Vermischung vorlag. Meistenteils
hatte der Rat ein Monopol auf fremde Weine, während er die Landweine an Private überließ. In den mittel- und süddeutschen Städten
bildete sich ein Monopol auf alle fremden Weine aus, während im
Norden das Monopol auf Rheinwein beschränkt blieb, da dieser, so
lange der Weinhandel von den rheinischen Händlern abhängig war,
die einzige gangbare Weinsorte bildete. Als später im Norden ungefähr um die Wende des 13. Jahrhunderts auch die ausländischen
Weine Eingang fanden, blieben diese von dem Monopol befreit; einmal, weil die Konsumtion sich immer in bescheidenen Grenzen hielt,
und zweitens auch deshalb, weil die Freimachung der einzelnen Handelszweige von den Vorschriften des Rates schon große Fortschritte zu
machen begann.

Da die Keller in der Stadt das Zapfmonopol besaßen, so ergab
sich hieraus die Gelegenheit, auch mit der Umgebung der Stadt Weinhandel anzuknüpfen. Gewöhnlich folgte der städtische Binnenhandel
den Straßen, auf denen früher die Weinkaufleute vom Rhein gezogen
waren. Nach den Angaben in den Urkunden nahmen die Wege, auf
denen Wein zu Lande nach Lübeck und Bremen gebracht wurde, ungefähr folgende Richtung: Von den oberdeutschen Städten Nürnberg
und Augsburg ging der Weg über Bamberg, Koburg, Erfurt, Braunschweig nach Lübeck und Bremen [1]). Zwischen Bremen und Braunschweig wurde schon 1256 ein Vertrag geschlossen [2]) zur Sicherung der
beiderseitigen Handelsreisenden; ein Schiffahrtsvertrag zwischen beiden
Städten ist schon vom Jahre 1227 bekannt [3]). Im Jahre 1376 wurde
derselbe erneuert. Diese Schiffahrtsverträge sind darum wichtig, weil
der Weinhandel über Erfurt bis Braunschweig zu Lande vor sich ging;

---

1) Hüllmann, Das Städtewesen des Mittelalters, Bd. I, S. 391.
2) Bremisches Urkundenbuch, I, Nr. 269.
3) Bremisches Urkundenbuch, I, Nr. 146, III, Nr. 490.

in Braunschweig benutzte er Flußläufe und gelangte mit Benutzung der Oker und Aller in die Weser. In einem Vertrage waren Braunschweig und Bremen übereingekommen, die Oker auf gemeinsame Kosten schiffbar zu erhalten. Auf diesem Wege gelangten die Waren aus dem Orient und aus Oberitalien nach den nördlichen Hansestädten; vermutlich folgte der Wein derselben Richtung, doch läßt sich dies urkundlich nicht feststellen. Gegen Ende des Mittelalters kam als Knotenpunkt des westlichen Deutschlands Frankfurt a. M. auf. Von Frankfurt gingen direkte Weintransporte nach Lübeck und Bremen. Hierfür liegen auch urkundliche Nachrichten vor: im Jahre 1459 beklagt sich der Rat von Frankfurt bei dem Herzog Friedrich von Braunschweig-Lüneburg[1]), daß ein Frankfurter Weintransport, nach Lübeck bestimmt, bei Nörten überfallen sei; dabei gingen „ein Faß und zwei Fäßchen Wein, in Matten gebunden" verloren. Diese Weintransporte gelangten durch die heutigen Provinzen Hessen und Westfalen an die Elbe und dann weiter nach Lübeck, das namentlich mit Westfalen seit alters her in äußerst regem Handelsverkehr stand[2]); teils gingen sie ganz zu Lande, teils benutzten sie kleinere Wasserläufe. In Frankfurt ging der für den Norden bestimmte Wein zu Schiff nach Köln; dies war der weitaus beliebteste Weg, wenn auch manche Behinderungen auf ihm vorhanden waren. Nach urkundlichen Berichten kam in der Häufigkeit der Benutzung nach dem Seeweg der obengenannte Weg durch Hessen und Westfalen in Betracht[3]). Diesen Weg gibt auch ein Geleitsbrief des Frankfurter Rates an, den er einem Bürger zum Transport einer Sendung Wein ausstellt; derselbe hatte 4 Fuder Wein auf drei Wagen verladen, ein interessanter Beleg für die große Ausdehnung der Weintransporte zu Lande.

Allmählich hatten sich Lübeck und Bremen für ihre benachbarten Landschaften zu Einkaufsplätzen für Wein herausgebildet. Namentlich Meklenburg bezog seine Weine nach dem Verfall seiner heimischen Produktion aus Lübeck. Der Rat von Wismar ist öfters Kunde des Lübecker Ratskellers; mit Schleswig[4]) und Oldenburg unterhielt Bremen Handelsbeziehungen in Gestalt von Weinlieferungen[5]). Allgemein konnte der Pächter des Bremer Kellers 1547 von sich sagen, daß „er die anstoßenden Nachbarn und Städte versorgen und verhelfen könne". Neben

---

1) Hans. Urkundenbuch, VIII, Nr. 797.
2) Mollwo, Die ältesten Lübecker Zollrollen, S. 42.
3) Lübecker Urkundenbuch, X, Nr. 112.
4) Bremisches Urkundenbuch, I, Nr. 419.
5) Kohl a. a. O., S. 181.

der handelspolitisch wichtigen Stellung von Lübeck als Durchgangs-
platz für den Seeverkehr nach der Ostsee und Bremens als Eingangstor
für den Handel von der Nordsee nach dem Binnenland tritt Hamburg mehr zurück. Von Bedeutung für den Durchgangshandel ist
es im engen Anschluß an Lübeck namentlich für den Landhandel,
weniger für den Seeverkehr. Für Hamburg war die Verbindung mit
Lübeck die Hauptverkehrsader in seinem ganzen Handelsgetriebe[1]);
in zweiter Linie die mit Lüneburg. Auch auf diesem Wege kam der
Wein nach Hamburg; schon im Jahre 1278 wird in einer Lüneburger
Zollrolle Weinhandel nach Hamburg erwähnt[2]). Auf den Wegen von
Hamburg ins Lauenburgische und nach Norden, ins Schleswigsche, ist
Weinhandel nicht nachweisbar. Die Haupteinfuhr von Wein fand zur
See statt, über die aber erst in nachhansischer Zeit die hamburgischen
Schifferbücher reichliche Auskunft geben[3]).

Der Weinhandel in der Stadt gestaltete sich nach Ankunft des
Weines folgendermaßen; In Lübeck wurde in der Behandlung des
Weines, der zu Schiffe in die Stadt kam, gegen den, der zu Lande
importiert wurde, ein Unterschied gemacht[4]); Wein, der zu Schiffe
kam, konnte sofort in die Keller gebracht werden, dagegen mußte der
auf dem Landwege importierte Wein erst durch die Weinherren unter-
sucht werden. Weshalb diese verschiedene Behandlung des Weines
stattfand, ist nicht nachweisbar; im Jahre 1504 wurde diese Anordnung
denn auch beseitigt[5]). Der fremde Weinhändler mußte seine Ware
zuerst an der Holstenbrücke ausladen; dann hatte er sich zu den Weinherren zu begeben und sie den Wein versuchen zu lassen. Von der
Entscheidung der Weinherren hing dann die Einlagerung ab. Für die
Lagerung war eine Miete zu entrichten, und zwar für jedes Faß, unbeschadet seiner Größe und der Dauer der Lagerung, 26 Pfennige;
beim Verkauf des Weines mußten 16 Pfennige Zapfgeld entrichtet
werden.

Die Einlagerung von Wein stand jedermann frei; es wurden
dann an jedes Faß zwei Schlösser gelegt, zu denen der eine Schlüssel
im Besitz des Kellerhauptmanns, der andere im Besitz des Einlegers
verblieb. Das Anstecken eines Fasses hing von der Erlaubnis der

---

1) Zeitschr. d. Vereins für Hamburg. Gesch., Bd. VI, S. 413.

2) Hans. Urkundenbuch, I, Nr. 808.

3) Baasch, Hamburgs Seeschiffahrt i. d. Zeitschr. d. Vereins f. Hamb.
Gesch., Bd. IX, S. 347 ff.

4) Wehrmann a. a. O., S. 79 ff.

5) Wehrmann a. a. O., S. 83.

Weinherren ab; war das Faß einmal angesteckt, so mußte es auch ganz ausgeschenkt werden. Auch in Bremen hatten die fremden Händler ihren eingeführten Wein zuerst den Weinherren vorzulegen, da diese, nachdem sie ihn probiert hatten, das Vorkaufsrecht für den Ratsweinkeller vor den Bürgern geltend machen konnten. Erst dann stand es den Händlern frei, den Wein in der Stadt zum Verkauf auszubieten, und zwar „nach Rate des Rates", wie es in der Weinordnung von 1370 heißt[1]); das ist so zu verstehen, daß der Rat den Verkauf kontrollierte. Bürger, die Wein gekauft hatten, hatten denselben für sich zu verwenden; Weiterverkauf, im ganzen oder in kleinen Quantitäten, war ihnen untersagt[2]). Durch diese Maßnahmen blieb das Monopol in jeder Hinsicht gewahrt. Dem Bürger war jedes Handelsgeschäft mit fremden Kaufleuten untersagt; im Übertretungsfalle hatte der Händler außer der Konfiskation seiner Ware noch 5 Mark Strafe zu zahlen Nur der Zapf der sogenannten kurzen Weine war dem Bürger gestattet.

In dem strengen Rheinweinmonopol der nordischen Städte trat im Laufe des 16. Jahrhunderts insofern eine Änderung ein, als in Lübeck um diese Zeit einzelnen Bürgern der Zapf von Rheinwein in beschränktem Maße freigegeben wurde. In Bremen wurde mit dieser Institution schon durch das Weingesetz von 1489 gebrochen[3]). In demselben Jahre wurde auch der Zapf der heißen Weine, Romanie und Malvasier erlaubt; es durften aber jährlich nur 3 Boten Malvasier und 1 Bote Romanie von den einzelnen Bürgern verzapft werden[4]). Durch die genaue Ausübung des Rheinweinmonopols war die Organisation des städtischen Weinhandels sehr vereinfacht; die ganze ausgedehnte Kontrolle, die in Köln durch die Dezentralisierung des Zapfes bedingt war, fiel hier fort und der Ratskeller blieb der Mittelpunkt des gesamten städtischen Weinhandels. Das Monopol bildete für den Rat eine gute und vor allem regelmäßige Einnahmequelle, denn getrunken wurde in den Städten des Mittelalters auch in Zeiten tiefster wirtschaftlicher Depression; daneben leiteten ihn aber auch Gesichtspunkte sanitärer Natur. Durch die Übernahme des Monopols allein glaubte der Rat noch nicht sicher genug für die Reinheit des Weines haften zu können, darum erließ er außerdem eine große Zahl von Verordnungen gegen Weinverfälschung.

1) Kohl a. a. O., S. 19.
2) Oelrichs, Vollständige Sammlung alter und neuer Gesetzbücher, Statut III, S. 20.
3) Kohl a. a. O., S. 21.
4) Oelrichs a. a. O., S. 478. Statut LXVI.

Der Kampf gegen die sogenannten „Weinschmierer" wurde mit Unterstützung des Rates der einzelnen Städte von der Gesamthanse auf ihren Hansetagen systematisch geführt. Eine gemeinsame Aktion gegen diese Verfälschungen setzte der Hansetag von 1417 ins Werk durch eine Botschaft an die Städte Köln, Bingen, Frankfurt und Straßburg, worin er ihnen befahl, „man solle den Wein so lassen, wie Gott ihn habe wachsen lassen und nicht anders"[1]). Die Verfälschungen von Wein im Verkehr mit Rußland und Polen sind schon berührt worden[2]); sie wurden aber nicht nur für den Verkehr ins Ausland vorgenommen, sondern auch beim Binnenhandel ganz ungeniert betrieben. So beklagte sich 1383 eine Versammlung zu Lübeck, daß die Fässer des Gubenschen Weines zu klein seien, und wandte sich beschwerdeführend an die Zentralpunkte des Gubenschen Weinhandels, Guben, Frankfurt a. O. und Krossen[3]). Namentlich aber in Köln hat die Weinpanscherei in hoher Blüte gestanden. Flandrische Urkunden sind voller Klagen über Kölnische Weinverfälschungen[4]): Um das Übel an der Wurzel zu fassen, richtete Köln im Jahre 1451 ein großes Rundschreiben an die Städte Antwerpen, Dortrecht, Kampen, Deventer, Arnheim, Nymwegen, Züphten, Wesel und Duisburg[5]); es verlangt in dem Schreiben Maßregeln gegen die sogenannte Pulverung des Weines und erläßt Verwarnungen an die oberländischen Städte. Zustimmend antworteten Deventer und Utrecht, die sich aber von der Verwarnung der oberländischen Städte nicht viel versprachen. Ob sich dieses gemeinsame Vorgehen der rheinischen Hanse wiederholt oder ob es zur Besserung der Weinverhältnisse beigetragen hat, ist aus dem vorhandenen Urkundenmaterial nicht ersichtlich. Es wird allerdings von Bestrafungen berichtet, die vielleicht als Folge dieses Vorgehens anzusehen sind. In Arnheim und Züthen wurden Geldstrafen eingeführt, auch soll die Strafe des Räderns in einzelnen Fällen angewandt worden sein. Im übrigen hatten die mit Wein handelnden Städte ihre eigene Gesetzgebung für Weinpanscherei.

In Bremen suchte man den Verfälschungen der Wirte dadurch zu begegnen, daß der Rat, analog den Verhältnissen in Köln, die Zusammenlagerung von verschiedenen Weinen untersagte; dieses Ver-

---

1) Wehrmann a. a. O., S. 97, Anmerkung.
2) Hans. Urkundenbuch, V, Nr. 516.
3) Hanserzesse, 1. Abt., II, Nr. 266, § 19.
4) Hans. Urkundenb., VIII, Nr. 1046.
5) Hans. Urkundenb., VIII, Nr. 82.

bot datiert aus dem Jahre 1596 [1]), als sich mit dem Anwachsen des Weinversandes nach Bremen neben den französischen und spanischen Weinlagern dort auch Rheinweinlager aufgetan hatten.

2. Die Weinakzisen.

Neben dem Rheinweinmonopol genoß der Rat als zweitwichtige Gerechtsame die Erträge aus der in den Hansestädten viel verbreiteten Weinakzise.

Die Weinakzise war eine Abgabe der Konsumenten an den Rat; man kann sie am ehesten mit einer Verbrauchssteuer identifizieren. In Wismar hieß diese Akzise auch Weinkaufspfennig; die städtischen Pächter der Weinverkaufsbuden hatten von jedem verkauften Stück Wein den Weinkaufspfennig zu entrichten, der zum Amtseinkommen der Ratsherrn gehörte.

Über die Besteuerung des Weines liegen genauere Nachrichten aus Bremen vor. Man unterschied bei den einzelnen Abgaben das Bodengeld [2]), die Weinakzise [3]), die Weinkonsumtionsabgabe [4]) und die Weinkranzgerechtigkeit [5]). Von diesen Abgaben fallen in die Zeit unserer Betrachtung nur das Bodengeld und die Weinakzise; die drei anderen kommen erst seit der Mitte des 15. Jahrhunderts vor. Nach Kohl soll das Bodengeld von einem Gefäß mit „2 Böden" erhoben werden, also von einem Faß im Gegensatz zu Flaschen und Krügen. Besser erscheint die Deutung „Bodengeld" als abgeleitet von „Bothe"; denn Bothenzoll kommt schon früh in Bremen vor [6]). Der Gegensatz von Faß zu Krügen und Flaschen ist deshalb unglücklich gewählt, weil man sich dieser Gefäße zu jener Zeit so gut wie niemals bediente. Deshalb blieben auch Flaschen und Krüge von dem Bothengeld befreit, da sie nur in geringer Anzahl vorkamen und wohl nur zur Verproviantierung des Schiffes dienten.

Das Bothengeld ist noch als eine sehr rohe Besteuerung anzusehen. Man kann es auch als eine Art Stapelrecht auffassen; durch Zahlung der Abgabe sollte das Auslegen des Weines auf dem Stapel sozusagen abgelöst werden; die beste Deutung ist vielleicht, in dem Bothengeld eine Verbrauchssteuer im mittelalterlichen Sinne zu sehen.

---

1) Kohl a. a. O., S. 27.
2) Kohl a. a. O., S. 41.
3) Kohl a. a. O., S. 42.
4) Kohl a. a. O., S. 50.
5) Kohl a. a. O., S. 53.
6) Hans. Urkundenb., I, Nr. 223.

Es war eine Torakzise, auf den Hafen übertragen. Wie von allen Lebensmitteln an den Stadttoren eine feste Abgabe zu entrichten war, so war auch der Wein für jedes Faß mit einer Steuer von vier Groschen belegt.

In steuertechnischer Hinsicht ausgebildeter war die Weinakzise[1]). Sie wurde von Weinen erhoben, die zu Lande oder zu Wasser an die Stadt kamen; dabei waren alle Arten von Gefäßen in die Besteuerung eingeschlossen. Anfangs wurde nur Rheinwein von der Akzise betroffen; die Weinkaufleute vom Rhein hatten nach einer Verfügung aus dem Jahre 1420 von jedem Ohm Wein 8 Grote Akzise zu zahlen[2]). Dieser Satz bezog sich auf Rheinwein, der in der Stadt verzapft werden sollte; dagegen hatte Wein, der für den Keller bestimmt war, nur 4 Grote Akzise zu zahlen. Später scheint jede Art von Wein zu der Weinakzise herangezogen zu sein; denn in einem Statut von 1450 heißt es ausdrücklich, daß „niemand von den Bürgern den Weinherrn mit seiner Akzise entgehen soll". 1489 findet sich auch eine genaue Festsetzung der Abgabe für den Zapf ausländischer Weine seitens der Bürger[3]): von jeder Bote Malvasier oder Romaniewein hatte der Zapfer vor dem Auflegen 3 Mark zu entrichten. In der Folgezeit wurde die Weinakzise mehrfach erhöht, bis sie 1617 sogar die Höhe von 6 Gulden für jedes Ohm erreicht hatte. Die Weinakzise wurde im 15. Jahrhundert nicht vom Keller, sondern von den sogenannten Mauerherrn[4]) eingefordert, d. h. von dem Teil des Rates, der die Verwaltung des städtischen Verteidigungswesens unter sich hatte. Erst im 16. Jahrhundert flossen die Einkünfte aus der Weinakzise in die Kasse des Ratsweinkellers.

Die Konsumtionsabgabe war eine Verbrauchssteuer im modernen Sinne und ward bei finanziellen Notlagen als Zuschlag zum Bothengeld erhoben.

In der Bremer Weinkranzgerechtigkeit endlich kehrt die Kölner Sitte wieder, daß jeder, der Wein für sich zapfen wollte, einen Maien oder Weinkranz über seiner Tür aufhängen mußte; vorher hatte er die Erlaubnis der Weinherrn einzuholen und die Abgabe für den Kranz zu zahlen. Mitte des 15. Jahrhunderts betrug der Kaufpreis für einen Kranz 14 Taler. Je mehr Weinsorten ein Zapfer ausschenken wollte, desto mehr Kränze hatte er zu bezahlen. Endlich

---

1) **Kohl** a. a. O., S. 42.
2) **Kohl** a. a. O., S. 43.
3) **Oelrichs** a. a. O., S. 662, Nr. XLIII.
4) **Kohl** a. a. O., S. 43.

gingen auch alle Strafgelder, die für Übertretungen der verschiedenen Weinordnungen erhoben wurden, an den Ratsweinkeller. Strafbar war vor allem der Zapf von Rheinwein, wenn er nicht ausdrücklich erlaubt war. Der Private, der gegen diese Vorschrift verstieß, hatte 5 Mark zu zahlen, außerdem wurde ihm sein Wein konfisziert[1]); ebenfalls strafbar war die Zubereitung von Gewürzweinen[2]) und der Verkauf von Branntwein[3]). Auf beide Vergehen war eine Strafe, von 10 Mark gesetzt.

Aus Lübeck sind über das Steuerwesen bei weitem nicht so präzise Nachrichten zu erhalten; gleichwohl ist anzunehmen, daß diese Spezialisierung der Abgaben auch für Lübeck zutraf. Sicher ist, daß auch in Lübeck der Ratsweinkeller von jedem eingeführten Wein eine Weinakzise erhob[4]). Selbstverständlich war der Gebrauch falscher Maße im Weinhandel strengen Strafen ausgesetzt; der Übertreter hatte 6 Solidi zu zahlen.

Ein weiteres Vorrecht oder eine Verpflichtung des Ratsweinkellers bestand in der Darreichung von Ehrenweinen[5]), sowie in Gratifikationen an den Magistrat und Auserwählte der Bürgerschaft. Die Institution der Ehrenweine findet sich auch im Norden überall verbreitet, erwähnt sei nur Lübeck, Hamburg, Bremen und Lüneburg. Von ihnen zu unterscheiden sind die Herren- und Offizialweine, die als Beitrag zum Gehalt der Ratsherren gegeben wurden, während die Ehrenweine fremden Herren und Gästen „zum Splendeur der Stadt" dargebracht wurden. Ihren Ursprung haben die Offizialweine in der Anwendung von Naturallohn zur Zahlung von Arbeitsleistungen; diese Gewohnheit ging bis in die höchsten Beamtenstellen hinauf. So ließ der Graf Wilhelm von Holland Wein in der Form einer täglichen Abgabe jedem seiner Räte zum Nachttrunk zukommen, nicht als Gratifikation, sondern als Teil ihres Gehaltes.

Die Ehrenämter, die der Rat der Hansestädte seinen Mitgliedern zu verleihen pflegte, waren meistenteils für diese mit großen Unkosten verknüpft, so daß sie gezwungen waren, bisweilen aus Privatmitteln zuzusetzen. Um dieses Defizit auszugleichen, erscheinen schon frühzeitig die Abgaben der Gewerbetreibenden an den Rat. Die Fischer

---

1) Oelrichs a. a. O., Nr. 4, S. 20.
2) Oelrichs a. a. O., S. 660, Nr. XXXVII.
3) Oelrichs a. a. O., S. 660, Nr. XXXIX.
4) Wehrmann a. a. O., S. 98.
5) Siehe oben S. 85.

hatten in Bremen Lachse und Neunaugen[1]) zu geben, die Schlachter Lämmer, die Bäcker zu Weihnachten und Ostern Brot. In Lübeck erhielten die Ratsmitglieder auf Rechnung des Ratsweinkellers Gänse, Fische, Zucker und andere Viktualien[2]). Zu den Speisen kamen bald die Getränke. In Bremen erhielt schon im Jahre 1398 jeder Ratsherr 12 Stübchen Wein zu Weihnachten[3]). Der Bürgermeister und die Ratsherren standen sich natürlich am besten. In Lübeck fand am 22. Februar, dem Tage, an dem die Ratsämter neu verteilt wurden, eine Weinausgabe an die Ratsherren statt: Bürgermeister und Weinherren erhielten drei Stübchen, alle anderen Mitglieder je ein Stübchen[4]). Ferner erhielt der Rat in Lübeck an zehn, in Bremen an zwölf bestimmten Tagen, meistens an den großen Feiertagen, bestimmte Weingeschenke, und zwar sollte der Bürgermeister immer das Doppelte von dem bekommen, was ein Ratsherr erhielt. In Lübeck hatte jeder Ratsherr, der in öffentlichen Angelegenheiten verreisen mußte, Anspruch auf ein Stübchen Wein für die erste Nacht in der Fremde; diese reichlich bemessene Spende hieß der Nachtwein. Dem Lübecker Nachtwein ähnlich ist der Bremer Sendewein, den man den Gesandten des Rates auf die Reise mitzugeben pflegte.

Eine sehr alte Einrichtung waren die Rechnungsmahlzeiten an den Tagen, an welchen die Ratsmitglieder die Rechnungen der einzelnen Ressorts ihrer Verwaltung durchgesehen hatten; zu diesen Mahlzeiten lieferte der Ratskeller unentgeltlich Wein. Das ausgegebene Quantum wurde aber für jeden genau bestimmt; immerhin erhielt jeder Teilnehmer ein bis zwei Stübchen Wein zugewiesen. Die Weinverteilung beschränkte sich aber nicht allein auf den Rat, sondern erstreckte sich auf alle Teile der Verwaltung, auf die Syndici und Gerichtsassessoren, die Mauer- und Schulherrn; sogar der Scharfrichter samt seinem Deliquenten genoß diese Vergünstigung. In Hamburg durfte der Scharfrichter trotz seiner Unehrlichkeit im Ratskeller verkehren und mit anderen Bürgern in der sogenannten Henkerstube seinen Wein trinken[5]). In Bremen erhielten auch die Prediger Wein dafür, daß sie „für die richtige Überkunft der neuen Weine" vom Rhein nach Bremen auf den Kanzeln beteten[6]).

---

1) Kohl a. a. O., S. 188.
2) Wehrmann a. a. O., S. 92.
3) Kohl a. a. O., S. 189.
4) Wehrmann a. a. O., S. 92.
5) Beneke, Hamburgische Geschichten und Denkwürdigkeiten, S. 315.
6) Kohl a. a. O., S. 195.

Da man im Mittelalter Auszeichnungen nicht zu vergeben hatte, glaubte man durch die Darbietung von edlem Wein am besten zu verfahren. Solche Ehrenweingaben an gekrönte Häupter und Fürstlichkeiten kommen in Lübeck schon um 1300 vor; während in Bremen die Sitte des Ehrenweines erst später entstanden zu sein scheint. In Lübeck wurden die Gäste auf Grund einer Ordnung von 1504[1]) nach Rang und Würden bewirtet, und zwar sollte erhalten: ein König 4 Ohm und Tags darauf 16 Stübchen, eine Königin 3¹/₂ Ohm und Tags darauf 8 Stübchen; ein Kurfürst 12, ein Herzog 8 und so fort bis zum fremden Ratsschreiber herunter. Ebenso erhielten die zu einem Hansetage versammelten Abgeordneten der Hansestädte Sonntags eine bestimmte Menge Wein, abgesehen von den Gastmählern, die der Rat ihnen zu Ehren veranstaltete.

Kapitel VI.

Der Wein als Konsumtionsmittel.

Weinsorten. Weinpreise.

Es erübrigt zum Schluß, auf die im Mittelalter bekannten Weinsorten einzugehen.

Da die Kölner Kaufleute in den Urkunden als die ersten Weinhändler genannt wurden, so ist die Annahme berechtigt, daß der Rheinwein am frühesten seinen Einzug im nördlichen Europa gehalten hat[2]). Auch die alten Weinläger in Lübeck, Bremen und Braunschweig führen nur Rheinwein unter ihren Beständen an; die ausländischen Sorten wurden erst durch den Zwischenhandel der hansischen Kaufleute von Spanien nach England und den östlichen Teilen der Ostsee gebracht. Anfangs gingen unter dem Namen Rheinwein auch Mosel- und Elsässerwein; im Jahre 1433 werden in Bremen Händler vom Rhein mit Mosel- und Elsässerwein erwähnt[3]). Zu den Elsässerweinen kann vielleicht auch der Wein aus Burgund gerechnet werden; doch ist seine Stellung ungewiß, da er auch viel im Zusammenhang mit französischen Weinen

---

1) Wehrmann a. a. O., S. 89.
2) Hans. Urkundenbuch, 1, Nr. 13; II, Nr. 252; III, Nr. 624; IV, Nr. 965, § 1, Nr. 980, § 1.
3) Oelrichs a. a. O., S. 478, Nr. LXVI.

vorkommt. Während die Mosel- und Elsässerweine zum Rheinweinmonopol gehören, nehmen die Frankenweine und mit ihnen allgemein
die deutschen Landweine eine gesonderte Stellung ein; sie blieben
dem Privathandel überlassen.

Eine Spezialisierung der Weine, namentlich der Rheinweine, ist
erst im 16. Jahrhundert vor sich gegangen; vorher sprach man nur
von weißen Weinen im Gegensatz zu den roten Weinen Frankreichs[1])
oder besseren oder geringen Weinen; unter starken Weinen sind
immer die heißen Weine Spaniens und Griechenlands zu verstehen[2]).

In dieser Zeit erscheinen auch die Namen der zahlreichen deutschen
Landweine, die Dresdener und die Meißener, die brandenburgischen
und schlesischen mit dem Wein aus Guben an der Spitze, endlich die
als „Kratzenberger" verschrieenen Kasseler Landweine. Erst am Ende
des 16. Jahrhunderts begann man den Wein nach dem Orte seines
Wuchses und am Anfang des 17. Jahrhunderts nach den Jahrgängen
zu unterscheiden[3]). Zur Zeit des hansischen Weinhandels ist von
diesen Unterscheidungen noch keine Rede, und Spezialisierungen und
Zeitangaben des Wuchses fehlen vollständig.

Zu den Bezeichnungen allgemeiner Art gehört der Ausdruck
„kurze" Weine oder cort win, der sich in den Urkunden des 15. Jahrhunderts außerordentlich oft findet. Über den Sinn des Wortes finden
sich verschiedene Deutungen; einmal soll kurz gleich gering sein, und
unter kurzen Weinen will man die große Zahl von deutschen Land-
weinen verstehen, Kohl setzt die kurzen Weine allein im Gegensatz
zum Rheinwein[4]). Die sicherste Deutung des Ausdrucks ist vielleicht
die, unter kurzem Wein den Wein aus Poitou zu verstehen[5]), denn
in einer Gebührenordnung des Grafen Ludwig von Flandern im Jahre
1360 für den Handel der deutschen Kaufleute in Flandern findet sich
in den verschiedenen Ausfertigungen an derselben Stelle der Ausdruck
„kurzer Wein" neben „Wein aus Poitou". Französische Weine waren
schon sehr früh in deutschen Landen geschätzt; am frühesten erwähnt
finden sie sich in einer Zollrolle, die Herzog Johann I. von Sachsen
für den Warenverkehr im Jahre 1278 erteilt[6]). Im hansischen Verkehr
nach England erscheint französischer Wein noch früher; schon 1157

---

1) Hans. Urkundenbuch, IV, Nr. 488, 490.
2) Hans. Urkundenb., IV, Nr. 1018, § 8, 1034, § 1.
3) Kohl a. a. O., S. 102.
4) Kohl a. a. O., S. 106.
5) Hans. Urkundenb., III, Nr. 499; IV, S. 429, Anm.
6) Hans. Urkundenb., I, Nr. 807.

wird ihm von Heinrich II. von England gleiche Vergünstigungen auf dem Markt zu London zuerkannt wie den Rheinweinen[1]). Die im hansischen Handel ausschließlich vorkommenden Sorten waren die Weine aus Poitou, aus der Gasogne und aus Bordeaux. Für die Poitouweine war la Rochelle, für die Gascognerweine Bordeaux Ausfuhrhafen; doch bildete letzteres auch ein eigenes Produktionsgebiet. Der Poitouwein erscheint zuerst 1360 in den flandrischen Zollrollen[2]). Nach seinen zahlreichen Erwähnungen zu urteilen, genoß er eine große Verbreitung und bildete einen Hauptausfuhrartikel Niederburgunds[3]). An die Weine aus Poitou schließen sich die Gascogner Weine, die „Aschonyer", im Gebiete zwischen der Garonne und den Pyrenäen mit Bordeaux als Produktionsmittelpunkt. Im hansischen Handel erscheinen sie gleichzeitig mit den Weinen aus Poitou[4]). Auch der Gascogner Wein war weit verbreitet und bildete ein Hauptausfuhrartikel nach den Ländern der Ostsee[5]). In den Ratskellern von Lübeck und Bremen war er gern gesehen[6]). Neben diesen drei Sorten tritt der Wein aus Auxois mehr zurück, er hieß auch Asoye oder Osoye, aus der gleichnamigen Grafschaft[7]). Er kommt meistens im Gefolge der oben erSorten bei der Ausfuhr nach den Ostseeländern vor.

Neben den französischen Weinen nehmen die spanischen Weine eine ebenso wichtige Stellung im hansischen Handel ein; ihr Absatzgebiet erstreckte sich auf die Niederlande und England, erst in zweiter Linie auf die Ostseeländer. In den Ratskellern der Hansestädte gebrauchte man sie namentlich zur Herstellung von Mischungen, dem sogenannten Claret oder Lautertrank. Zu den am häufigsten genannten spanischen Weinen gehörte der Romenay oder Romanie und der Malvasier. Über den Romanie ist man lange im unklaren geblieben; schon die Schreibweise ist äußerst schwankend. Sein Ursprungsland soll nach Henderson die Romagnia in Italien oder die griechischen Inseln sein[8]); eine andere Auffassung verlegt ihn nach der kleinen Stadt Romania in Arragonien. Die schwankende Schreibweise läßt den Schluß zu, daß unter Romanie vielleicht spanischer und griechischer Wein ver-

---

1) Hans. Urkundenb., I, Nr. 13.
2) Hans. Urkundenb., III, Nr. 499.
3) Henderson, Geschichte der Weine, S. 184.
4) Henderson a. a. O., S. 196 ff.
5) Hirsch, Danzigs Handels- und Gewerbegesch., S. 91 ff.
6) Wehrmann a. a. O., S. 86.
7) Henderson a. a. O., S. 329.
8) Henderson a. a. O., S. 322 ff.

standen werden kann, denn griechische Weine kommen bisweilen im Hansehandel vor. Schon im Jahre 1392 werden sie in der Verordnung über den Gewerbebetrieb der Weinschröter in Brügge erwähnt[1]), woraus auf einen ständigen Handel mit griechischen Weinen geschlossen werden kann; ferner im Jahre 1453 als Importartikel in Holland[2]). Auch der Malevasier ist ein griechischer Wein; sein Ursprungsland ist Kanea und die Nachbarschaft des Ida[3]); auch in Lakonien, im südöstlichen Teile der Halbinsel Morea, wurde sein Anbau betrieben[4]). Von hier aus soll er sich über Cypern und die Provence verbreitet haben. Seine Schreibweise schwankt ebenfalls; in England nannte man ihn Melmesy[5]), in Deutschland Malmesyen, woraus man geschlossen haben will, daß die Deutschen über England mit dem Wein bekannt geworden sein sollen. Er erscheint nahezu gleichzeitig mit dem Romanie; zwei Jahre früher, 1390, kommt sein Name zuerst in einer Zollrolle aus Stralsund vor[6]). Von geringerer Bedeutung für den Ausfuhrhandel ist der Granadawein; er kommt nur im Zusammenhang mit den beiden ersteren vor. Eine eigentümliche Stellung nimmt der Rivoglio ein, der namentlich in England viel eingeführt wurde; er geht auch unter dem Namen Riboldi, vinum Pucinum, oder deutsch Reinfall. Nach Stieda[7]) hat man es bei dem Rivoglio mit einem Gattungsnamen zu tun für Wein, dessen Verbreitungsgebiet ursprünglich Kärnten und Istrien umfaßte; allgemein kann man unter Rivoglio einen italienischen Wein annehmen. Außer in England erscheint er auch im Handel mit Preußen, und auf dem Markt in Ulm war sein Name ebenfalls bekannt; danach erstreckte er sich über alle Handelsgebiete der Hanse.

Einem späteren Zeitraum gehören der Bastert und der Sekt an. Über die Art und den Ursprung des ersteren gehen die Meinungen ebenfalls sehr auseinander; er soll ein spanischer Wein und aus Rosinen hergestellt sein, nach anderen war er ein Mischwein, nach Art unserer Bowlen. Henderson hält ihn für einen Muskatwein[8]). Der Sekt ist noch jüngeren Ursprungs und fällt kaum mehr in die Epoche des hansischen Handels. Das Wort stammt aus dem französischen

---

1) Hans. Urkundenb., V, Nr. 83.
2) Ebenda, VIII, Nr. 290, § 1.
3) Henderson a. a. O., S. 265.
4) Henderson a. a. O., S. 271.
5) Kohl a. a. O., S. 111.
6) Hans. Urkundenb., Bd. IV, Nr. 1017.
7) Hansische Geschichtsbl., IV, Jahrg. 1889, i. d. Rezens. üb. Kunze, Hanseakten aus England, S. 225.
8) Henderson a. a. O., S. 330.

und bedeutet trockner Wein, d. h. aus trocknen Beeren gemacht, indem man die Beeren so lange am Stocke ließ, bis sie trocken geworden waren. Im hansischen Weinhandel kommt er nicht vor.

Der Vollständigkeit halber sind noch die sogenannten Gewürzweine zu nennen, die kein fertiges Handelsprodukt waren, sondern zu jeweiligem Gebrauch erst zusammengestellt wurden. Der berühmteste Gewürzwein war der sogenannte Klaret. Er wurde hergestellt, indem man gewöhnlichem Landwein Safran, Nelken, Zucker und Honig beimischte und die ganze Mischung zum Schluß durch einen Sack preßte; das Ganze nannte man den Lautertrank oder geläuterten Trank[1]). Diese Gewürzweine wurden aus großen Bechern getrunken, in deren Mitte sich ein durchlöcherter Raum zur Aufbewahrung von Gewürzen befand, falls dem Trinkenden der Wein noch nicht zu Dank gewürzt war. Dieser Wein erfreute sich bei seinen Zeitgenossen großer Beliebtheit; er ist „anmutig und schleckerhaftig", sagt Walther Ryff in seinem „Konfektbüchlein" von 1552[2]); vielleicht war es ein Bedürfnis beim Trinken des Rheinweins durch den Lautertrank eine Abwechslung eintreten zu lassen und seinen Genuß bekömmlicher zu gestalten.

Wenn schon die Bestimmung der Weinsorten Schwierigkeiten macht, so fließen die Nachrichten über Weinpreise noch spärlicher; im frühen Mittelalter fehlen überhaupt jegliche Angaben. Später ist es schwer, wegen der Veränderlichkeit der Münzen auch nur annähernd einen richtigen Preis zu bestimmen, geschweige denn denselben in einer uns geläufigen Münzsorte auszudrücken. Im Jahre 1405 wurde in Bremen das Quart Wein mit einem Groschen bezahlt, ein Stübchen mit 4 Groschen; wenn ein Ohm Wein zu 45 Stübchen angenommen wird, so wurde damals ein Ohm Wein mit 45 Groschen bezahlt. Ein Quart Rheinwein kostete 8 Pfennige[3]). Diese Bremer Preise zeigen mit den in England gezahlten nahezu eine genaue Übereinstimmung. Im Jahre 1433 kostete ein Quart Rheinwein etwas mehr als einen Groschen; Malvasier und Romaniewein durfte etwas höher verkauft werden. Für Bremen blieben diese Preise ungefähr ein Jahrhundert lang ziemlich stationär. Auch in Hamburg hielten sich die Weine in ihren Preisen auf gleicher Höhe, ebenso in Lübeck. In Hamburg kostete 1563 das Stübchen, 4 Quart enthaltend, 1 Mark

---

1) Kohl a. a. O., S. 119.
2) Wehrmann a. a. O., S. 87.
3) Oelrichs a. a. O., S. 478, Nr. LXVI.

8 Schillinge, 1565 nur 8 Schillinge[1]), das Quart also 2 Schillinge oder etwas mehr als 3 Groschen bremisch. In Lübeck kaufte der Keller 1572 das Ohm im Durchschnitt für 22$\frac{1}{2}$ Mark, das Quart zu ungefähr 2 Schillingen[2]); später erhöhten sich die gezahlten Preise für das Ohm bedeutend. Hiermit sind die Preisangaben für Wein aus der älteren Zeit erschöpft, erst aus nachhansischer Zeit lauten die Angaben genauer. Die obigen Preise mögen nur beispielsweise genannt sein, hauptsächlich um zu zeigen, daß der Wein auch damals zu den Luxusartikeln gehörte.

Was die Quantität des in den Ratskellern der Hansestädte lagernden Weines betrifft, so darf dieselbe nicht mit dem Maßstabe gemessen werden, der heutigen Tages an einen einigermaßen assortierten Weinkeller gelegt werden würde. Der Bremer Keller besaß während des Zeitraumes vom 14. bis zum 16. Jahrhundert einen Lagerbestand von durchschnittlich 200 Ohm[3]), der Lübecker war schon frühzeitig reichhaltiger. Im Jahre 1571 lagerten in ihm 854 Ohm. Der jährliche Umsatz betrug rund 800 bis 900 Ohm[4]). Infolge des großen Umsatzes war die finanzielle Lage der Keller immer eine ausgezeichnete; sie leisteten öfters Zahlungen für die Stadt oder aus ihren Überschüssen wurden städtische Gebäude errichtet, wie in Bremen die Börse. In finanziellen Notlagen der Stadt griff der Rat bei ihnen auch bisweilen zum Mittel der Zwangsanleihe; ein Fall, der sich in Lübeck ereignet hat.

Eine nordische Hansestadt ohne Ratskeller war unseren Vorfahren ganz undenkbar; der Ratskeller war für den Bürger gleichsam ein Teil seines Heims und die zahlreichen Schilderungen geben ein anziehendes Bild von dem Leben und Treiben, das sich zu allen Tageszeiten in seinen Räumen abspielte. Die Güte des Weines gab hierzu die Veranlassung, und gern erinnerten sich die Bremer, Lübecker oder Hamburger Bürger, wenn sie vor ihrem Schoppen saßen, daran, daß sie es ihrem Fleiß und Wagemut zu verdanken hatten, wenn sie sich an den Gaben der entferntesten Länder erfreuen durften.

Die alte Hanse ist in den Staub gesunken und die alten Hansestädte sind teilweise von ihrer alten Höhe herabgestiegen, aber ihre Ratskeller sind geblieben, und erzählen noch heute von Zeiten, wo der hansische Kaufmann der Beherrscher der Meere war.

---

1) Kohl a. a. O., S. 244.
2) Wehrmann a. a. O., S. 100.
3) Beneke a. a. O., S. 250.
4) Wehrmann a. a. O., S. 99.

Druck von Anton Kämpfe, Jena.